머리말

사경寫經은 부처님 말씀을 새기고 익혀서 실천하는 데 궁극적 목적이 있다고 하겠습니다. 다시 말해 단순히 경전을 베껴 쓰는 데에만 그치는 것이 아니라는 것이지요. 실제로 몸과 마음을 깨끗이 하고 호흡을 가다듬은 채, 한 자 한 자씩 정성껏 사경하는 방법은 우리들의 업장을 녹이는 동시에 지혜를 개발해내는 아주 오래된 수행법 가운데 하나입니다.

마치 대장장이가 풀무질을 통해서 커다란 무쇠덩이를 단련하는 것처럼, 몇 번이고 반복해서 경전의 말씀을 베껴 쓰다 보면 저절로 삶의 지혜를 깨우쳐서 부처님 안목(佛眼)을 형성하게 되는 것입니다. 특히 진리란 무엇인가? 제법의 실상實相, 곧 사물의 진실한 모양을 설하고 있는 『법화경』을 사경하는 공덕은 '부처님의 지혜로 헤아리더라도 그 끝을 알 수 없을 정도로 많다'고 합니다. 그래서 『법화경』을 수지하여 읽고 외우며 베껴 쓰는 자가 있다면 '그 사람은 석가모니 부처님을 친견하고, 부처님 입으로부터 직접 이 경전을 들은 것과 마찬가지'라고 합니다. 또 『법화경』을 읽고 사경하는 자체가 '석가모니 부처님께 공양한 셈'이 되며, '석가모니 부처님께서 손으로 그 사람 머리를 쓰다듬어주시고, 옷자락으로 몸소 감싸주시는 격'이라고 합니다.

이와 같이 커다란 공덕의 보고寶庫라 할 수 있는 『우리말 법화경』 사경책을 몇 년 전에 펴내었습니다만, 한문으로도 쓰고 싶어졌습니다. 그래서 서점에서 '한문 법화경' 사경책을 구하느라 이리저리 찾아보았는데, 쉽게 용기를 내서 써볼 만한 책이 눈에 띄지 않았습니다. 그래서 출판사와 궁리한 끝에 다시 한자의 뜻과 전체 의미를 함께 알 수 있는 사경책을 기획하게 되었는데, 처음에는 글자 한 자 한 자 일일이 컴퓨터로 입력시키고 그 뜻을 새기느라 1년 동안 꼬박 정진했지만 고작 4·5품 정도밖에 나아가지 못했습니다. 하지만 앞으로 설사 10년이 넘게 걸리더라도 기도하는 마음으로 하겠다는 각오로 계속 진행하는 중에, 우연찮게 경윤스님의 도움을 받아 불보살님 가피로 불과 3년만에 결실을 맺게 되었습니다. 출판 인쇄의 경험이 많은 스님의 조언에 깊은 감사를 드리며, 또한 3년 동안 결코 적지 않은 분량의 원고를 몇 차례나 교정하고 수정하면서도 짜증내지 않고 한 마음으로 애써주신 도서출판 운주사 관계자분들의 노고에도 진심으로 고마움을 전합니다.

원래 외국어는 쓰지 않으면 쉽게 잊어버리는 법인데, 한자도 예외가 아닙니다. 한문과

불교에 익숙하지 않는 사람들도 본 한문사경책을 한자펜글씨 교본처럼 활용하여 두 번 이상 쓰고, 본인이 쓴 한문사경책을 매일 독송하다 보면 저절로 한문의 구조가 보일 것입니다. 특히 한문의 어순이 영어와 매우 유사하기 때문에, 영어에 익숙한 현대인들은 더 쉽게 한문사경에 적응할 수 있으리라 여겨집니다.

그런데 한자는 여러 의미가 함축된 표의문자이기 때문에, 주어나 목적어뿐만 아니라 동사도 툭하면 빠지기 십상입니다. 심지어 한 문장 전체가 생략되는 경우도 다반사라서, 문장의 전체 흐름을 파악하기 위해서는 몇 번이고 다독多讀을 해야만 겨우 의미가 들어오는 특이한 구조라 하겠습니다. 그래서 한문 경전이 어렵다고들 하는 것이지요.

그래서 본 책에서는 순차적으로 번역하고 가능한 원문에 충실한 직역을 하려고 노력했지만, 영어의 관계대명사처럼 뒤에서 수식하는 경우에는 어쩔 수 없이 뒤에서부터 번역을 해야만 자연스럽게 되었습니다. 또 생략된 부분을 과감히 살려서 표현해야만 했고, 글의 흐름상 부득이 의역을 하지 않을 수 없는 곳도 있었습니다. 그리고 다라니(呪)의 한자는 음音만 빌어온 것이므로, 한자 표기 대신에 한글 음을 두 번씩 사경하게 했음을 밝힙니다. 아울러 범어에서 음을 빌려온 인명이나 어휘 등은 그 한자의 뜻과 관계가 없으니 오해 없으시길 바랍니다. 이렇게 애를 써서 하기는 했으나 워낙 지혜가 부족한 데다가 재주도 미천하여, 부처님 말씀의 본질을 제대로 드러내지 못했음을 무엇보다 송구스럽게 생각합니다. 아울러 잘못된 부분도 많이 있을 텐데 눈이 어두워서 미처 살피지 못한 부분들을 찾아내어 지적해주시면 더없이 감사하겠습니다.

사경寫經은 윤회하는 중생을 불보살의 경지로 끌어올리는 깊은 정신세계의 산물이라 할 수 있습니다. 이번『행복을 부르는 법화경』사경수행을 통해서 누구라도 자신의 내면에 깃들어 있는 저 무한한 불성에너지를 현실에서 스스로 깨어나게 하셨으면 좋겠습니다. 그리하여 일반인이나 불자님, 그리고 학인스님뿐만 아니라 법랍이 높은 스님들도 한결같이 초심으로 돌아가, 일자일배 정성의 사경수행으로 크고 작은 원력과 소망이 원만히 성취됨은 물론이며 반드시 성불하시기를 간절히 빕니다.

불기 2555년 새해를 맞이하며

남산토굴에서

혜조 합장

행복을 부르는

법화경 사경 1

행복을 부르는 법화경 사경 1

혜조 惠照 譯

운주사

제	일		서	품					
第	一		序	品					
차례 제	한 일		차례 서	가지 품					

여	시	아	문		일	시	불		주
如	是	我	聞		一	時	佛		住
같을 여	이 시	나 아	들을 문		한 일	때 시	부처 불		머물 주

왕	사	성		기	사	굴	산	중	
王	舍	城		耆	闍	崛	山	中	
임금 왕	집 사	도읍 성		늙은이 기	화장할 사	우뚝솟을 굴	뫼 산	가운데 중	

여	대	비	구	중		만	이	천	인
與	大	比	丘	衆		萬	二	千	人
더불어 여	큰 대	견줄 비	언덕 구	무리 중		일만 만	두 이	일천 천	사람 인

구		개	시	아	라	한		제	루
俱		皆	是	阿	羅	漢		諸	漏
함께 구		다 개	이 시	언덕 아	새그물 라	한수 한		모든 제	샐 루

제1 서품

이와 같이 내가 들었다.

어느 때 부처님께서는 왕사성 밖의 영취산 속에 큰비구 스님들 만이천 명과 함께 머물고 계셨다.

그들은 전부 아라한으로 모든 번뇌들이 다하여

이	진		무	부	번	뇌		체	득
已	盡		無	復	煩	惱		逮	得
이미 이	다할 진		없을 무	다시 부	괴로워할 번	괴로워할 뇌		미칠 체	얻을 득

기	리		진	제	유	결		심	득
己	利		盡	諸	有	結		心	得
자기 기	이로울 리		다할 진	모든 제	있을 유	맺을 결		마음 심	얻을 득

자	재		기	명	왈		아	야	교
自	在		其	名	曰		阿	若	憍
스스로 자	있을 재		그 기	이름 명	가로 왈		언덕 아	같을 약(야)	교만할 교

진	여		마	하	가	섭		우	루
陳	如		摩	訶	迦	葉		優	樓
베풀 진	같을 여		갈 마	꾸짖을 가(하)	막을 가	잎 엽(섭)		넉넉할 우	다락 루

빈	나	가	섭		가	야	가	섭	
頻	螺	迦	葉		迦	耶	迦	葉	
자주 빈	소라 나	막을 가	잎 엽(섭)		막을 가	어조사 야	막을 가	잎 엽(섭)	

다시는 번뇌가 없었다. 자신의 이익,
곧 지혜는 증하고 미혹함을 끊어서,
모든 존재의 속박을 다하여 마음이 자유로웠나.
그 비구 스님들의 이름은 아야교진여 · 마하가섭 · 우루빈나가섭 · 가야가섭 ·

나	제	가	섭		사	리	불		대
那	提	迦	葉		舍	利	弗		大
어찌 나	끌 제	막을 가	잎 엽(섭)		집 사	이로울 리	아닐 불		큰 대

목	건	련		마	하	가	전	연	
目	揵	連		摩	訶	迦	旃	延	
눈 목	불깐소 건	잇닿을 련		갈 마	꾸짖을 가(하)	막을 가	기 전	끌 연	

아	누	루	타		겁	빈	나		교
阿	㝹	樓	馱		劫	賓	那		憍
언덕 아	새끼토끼 누	다락 루	실을 타		겁 겁	손 빈	어찌 나		교만할 교

범	바	제		이	바	다		필	릉
梵	波	提		離	婆	多		畢	陵
깨끗할 범	물결 파(바)	끌 제		떠날 이	할미 파(바)	많을 다		마칠 필	큰언덕 릉

가	바	차		박	구	라		마	하
伽	婆	蹉		薄	拘	羅		摩	訶
절 가	할미 파(바)	넘어질 차		엷을 박	잡을 구	새그물 라		갈 마	꾸짖을 가(하)

나제가섭·사리불·대목건련·마하가전연·
아누루타(아나율)·겁빈나·교범바제·
이바다·필능가바차·박구라·

구	치	라		난	타		손	타	라
拘	絺	羅		難	陀		孫	陀	羅
잡을구	칡베치	새그물라		어려울난	비탈질타		손자손	비탈질타	새그물라

난	타		부	루	나	미	다	라	니
難	陀		富	樓	那	彌	多	羅	尼
어려울난	비탈질타		부자부	다락루	어찌나	두루찰미	많을다	새그물라	여승니

자		수	보	리		아	난		라
子		須	菩	提		阿	難		羅
아들자		모름지기수	보리보	끌제(리)		언덕아	어려울난		새그물라

후	라		여	시	중	소	지	식	
睺	羅		如	是	衆	所	知	識	
애꾸눈후	새그물라		같을여	이시	무리중	바소	알지	알식	

대	아	라	한	등		부	유	학	무
大	阿	羅	漢	等		復	有	學	無
큰대	언덕아	새그물라	한수한	무리등		다시부	있을유	배울학	없을무

마하구치라·난타·손타라난타·
미다라니 아들 부루나·수보리·아난·라후라 등
여러 사람들에게 잘 알려진 큰 아라한들이었나.
또 다시 유학인과 무학인

학		이	천	인		마	하	파	사
學		二	千	人		摩	訶	波	闍
배울학		두이	일천천	사람인		갈마	꾸짖을가(하)	물결파	화장할사

파	제	비	구	니		여	권	속	
波	提	比	丘	尼		與	眷	屬	
물결파	끌제	견줄비	언덕구	여승니		더불어여	돌아볼권	무리속	

육	천	인	구		라	후	라	모	
六	千	人	俱		羅	睺	羅	母	
여섯육	일천천	사람인	함께구		새그물라	애꾸눈후	새그물라	어미모	

야	수	다	라	비	구	니		역	여
耶	輸	陀	羅	比	丘	尼		亦	與
어조사야	나를수	비탈질타(다)	새그물라	견줄비	언덕구	여승니		또역	더불어여

권	속	구		보	살	마	하	살	
眷	屬	俱		菩	薩	摩	訶	薩	
돌아볼권	무리속	함께구		보리보	보살살	갈마	꾸짖을가(하)	보살살	

이천 명이 있었고,
마하파사파제 비구니는 육천 명의 권속들과 함께 있었으며,
라후라의 어머니인 야수다라 비구니도 역시 자기 권속들과 함께 있었다.
그리고 팔만 명의 보살마하살은

팔	만	인		개	어	아	뇩	다	라
八	萬	人		皆	於	阿	耨	多	羅
여덟 팔	일만 만	사람 인		다 개	어조사 어	언덕 아	김맬 누(뇩)	많을 다	새그물 라

삼	먁	삼	보	리		불	퇴	전	
三	藐	三	菩	提		不	退	轉	
석 삼	아득할 막(먁)	석 삼	보리 보	끌 제(리)		아닐 불	물러날 퇴	구를 전	

개	득	다	라	니		요	설	변	재
皆	得	陀	羅	尼		樂	說	辯	才
다 개	얻을 득	비탈질 타(다)	새그물 라	여승 니		좋아할 요	말씀 설	말잘할 변	재주 재

전	불	퇴	전	법	륜		공	양	무
轉	不	退	轉	法	輪		供	養	無
구를 전	아닐 불	물러날 퇴	구를 전	법 법	바퀴 륜		이바지할 공	기를 양	없을 무

량		백	천	제	불		어	제	불
量		百	千	諸	佛		於	諸	佛
헤아릴 량		일백 백	일천 천	모든 제	부처 불		어조사 어	모든 제	부처 불

모두 아뇩다라삼먁삼보리에서 물러나지 않는 지위에 있었으며,
전부 다라니와 설법 잘 하는 변재를 얻어서 불퇴전법륜을 굴리는 분들이었다.
또한 그들은 한량없는 백천 부처님들께 공양 올렸으며,
여러 부처님들 처소에서

소		식	중	덕	본		상	위	제
所		植	衆	德	本		常	爲	諸
곳 소		심을 식	무리 중	덕 덕	근본 본		항상 상	할 위	모든 제

불	지	소	칭	탄		이	자	수	신
佛	之	所	稱	歎		以	慈	修	身
부처 불	어조사 지	바 소	일컬을 칭	찬탄할 탄		써 이	사랑 자	닦을 수	몸 신

선	입	불	혜		통	달	대	지	
善	入	佛	慧		通	達	大	智	
착할 선	들 입	부처 불	지혜 혜		통할 통	통달할 달	큰 대	슬기 지	

도	어	피	안		명	칭	보	문	
到	於	彼	岸		名	稱	普	聞	
이를 도	어조사 어	저 피	언덕 안		이름 명	일컬을 칭	널리 보	들을 문	

무	량	세	계		능	도	무	수	
無	量	世	界		能	度	無	數	
없을 무	헤아릴 량	세상 세	지경 계		능할 능	건널 도	없을 무	셀 수	

온갖 덕의 선근을 심어서 항상 여러 부처님들의 칭찬과 찬탄을 받곤 하였다.
자비로 몸을 닦아 부처님 지혜에 들어가 대지혜를 통달하였으니,
벌써 열반의 저 언덕에 이른 상태였다. 그 보살들의 명망이
한량없는 세계에 널리 퍼져 능히 헤아릴 수 없는

백	천	중	생		기	명	왈		문
百	千	衆	生		其	名	曰		文
일백 백	일천 천	무리 중	날 생		그 기	이름 명	가로 왈		글월 문

수	사	리	보	살		관	세	음	보
殊	師	利	菩	薩		觀	世	音	菩
뛰어날 수	스승 사	이로울 리	보리 보	보살 살		볼 관	세상 세	소리 음	보리 보

살		득	대	세	보	살		상	정
薩		得	大	勢	菩	薩		常	精
보살 살		얻을 득	큰 대	기세 세	보리 보	보살 살		항상 상	정미할 정

진	보	살		불	휴	식	보	살	
進	菩	薩		不	休	息	菩	薩	
나아갈 진	보리 보	보살 살		아닐 불	쉴 휴	숨쉴 식	보리 보	보살 살	

보	장	보	살		약	왕	보	살	
寶	掌	菩	薩		藥	王	菩	薩	
보배 보	손바닥 장	보리 보	보살 살		약 약	임금 왕	보리 보	보살 살	

백천 명의 중생들을 제도하고 있었다.
그 보살들의 이름은
문수사리보살·관세음보살·득대세보살·
상정진보살·불휴식보살·보장보살·약왕보살·

용	시	보	살		보	월	보	살	
勇	施	菩	薩		寶	月	菩	薩	
날쌜 용	베풀 시	보리 보	보살 살		보배 보	달 월	보리 보	보살 살	

월	광	보	살		만	월	보	살	
月	光	菩	薩		滿	月	菩	薩	
달 월	빛 광	보리 보	보살 살		찰 만	달 월	보리 보	보살 살	

대	력	보	살		무	량	력	보	살
大	力	菩	薩		無	量	力	菩	薩
큰 대	힘 력	보리 보	보살 살		없을 무	헤아릴 량	힘 력	보리 보	보살 살

월	삼	계	보	살		발	타	바	라
越	三	界	菩	薩		跋	陀	婆	羅
넘을 월	석 삼	지경 계	보리 보	보살 살		밟을 발	비탈질 타	할미 파(바)	새그물 라

보	살		미	륵	보	살		보	적
菩	薩		彌	勒	菩	薩		寶	積
보리 보	보살 살		두루찰 미	굴레 륵	보리 보	보살 살		보배 보	쌓을 적

용시보살·보월보살·월광보살·만월보살·
대력보살·무량력보살·월삼계보살·
발타바라보살·미륵보살·보적보살·

보	살		도	사	보	살		여	시
菩	薩		導	師	菩	薩		如	是
보리보	보살살		이끌도	스승사	보리보	보살살		같을여	이시

등		보	살	마	하	살		팔	만
等		菩	薩	摩	訶	薩		八	萬
무리등		보리보	보살살	갈마	꾸짖을가(하)	보살살		여덟팔	일만만

인	구		이	시		석	제	환	인
人	俱		爾	時		釋	提	桓	因
사람인	함께구		그이	때시		풀석	끌제	푯말환	인할인

여	기	권	속		이	만	천	자	구
與	其	眷	屬		二	萬	天	子	俱
더불어여	그기	돌아볼권	무리속		두이	일만만	하늘천	아들자	함께구

부	유	명	월	천	자		보	향	천
復	有	名	月	天	子		普	香	天
다시부	있을유	이름명	달월	하늘천	아들자		널리보	향기향	하늘천

도사보살 등 이와 같은 보살마하살 팔만 명이 함께 있었다.
그때 석제환인은 그의 권속 이만 명의 천자들과 같이 있었으며,
또 월천자와 보향천자,

자		보	광	천	자		사	대	천
子		寶	光	天	子		四	大	天
아들 자		보배 보	빛 광	하늘 천	아들 자		넉 사	큰 대	하늘 천

왕		여	기	권	속		만	천	자
王		與	其	眷	屬		萬	天	子
임금 왕		더불어 여	그 기	돌아볼 권	무리 속		일만 만	하늘 천	아들 자

구		자	재	천	자		대	자	재
俱		自	在	天	子		大	自	在
함께 구		스스로 자	있을 재	하늘 천	아들 자		큰 대	스스로 자	있을 재

천	자		여	기	권	속		삼	만
天	子		與	其	眷	屬		三	萬
하늘 천	아들 자		더불어 여	그 기	돌아볼 권	무리 속		석 삼	일만 만

천	자	구		사	바	세	계	주	
天	子	俱		娑	婆	世	界	主	
하늘 천	아들 자	함께 구		춤출 사	할미 파(바)	세상 세	지경 계	주인 주	

보광천자 그리고 사대천왕들도
만 명의 그들 천자 권속들과 함께 있었다.
자재천자와 대자재천자는 삼만 명의 그들 천자 권속들과 같이 있었고,
사바세계의 주인이자

범	천	왕		시	기	대	범		광
梵	天	王		尸	棄	大	梵		光
하늘 범	하늘 천	임금 왕		주검 시	버릴 기	큰 대	하늘 범		빛 광

명	대	범	등		여	기	권	속	
明	大	梵	等		與	其	眷	屬	
밝을 명	큰 대	하늘 범	무리 등		더불어 여	그 기	돌아볼 권	무리 속	

만	이	천	천	자	구		유	팔	용
萬	二	千	天	子	俱		有	八	龍
일만 만	두 이	일천 천	하늘 천	아들 자	함께 구		있을 유	여덟 팔	용 용

왕		난	타	용	왕		발	난	타
王		難	陀	龍	王		跋	難	陀
임금 왕		어려울 난	비탈질 타	용 용	임금 왕		밟을 발	어려울 난	비탈질 타

용	왕		사	가	라	용	왕		화
龍	王		娑	伽	羅	龍	王		和
용 용	임금 왕		춤출 사	절 가	새그물 라	용 용	임금 왕		화평할 화

범천왕인 시기대범천왕과 광명대범천왕도
만이천 명의 천자들과 함께 있었다.
또한 여덟 용왕이 있었는데,
난타용왕·발난타용왕·사가라용왕·

수	길	용	왕		덕	차	가	용	왕
修	吉	龍	王		德	叉	迦	龍	王
닦을 수	길할 길	용 용	임금 왕		덕 덕	깍지낄 차	막을 가	용 용	임금 왕

아	나	바	달	다	용	왕		마	나
阿	那	婆	達	多	龍	王		摩	那
언덕 아	어찌 나	할미 파(바)	통달할 달	많을 다	용 용	임금 왕		갈 마	어찌 나

사	용	왕		우	발	라	용	왕	등
斯	龍	王		優	鉢	羅	龍	王	等
이 사	용 용	임금 왕		넉넉할 우	바리때 발	새그물 라	용 용	임금 왕	무리 등

각	여	약	간		백	천	권	속	구
各	與	若	干		百	千	眷	屬	俱
각각 각	더불어 여	같을 약	방패 간		일백 백	일천 천	돌아볼 권	무리 속	함께 구

유	사	긴	나	라	왕		법	긴	나
有	四	緊	那	羅	王		法	緊	那
있을 유	넉 사	긴할 긴	어찌 나	새그물 라	임금 왕		법 법	긴할 긴	어찌 나

화수길용왕·덕차가용왕·아나바달다용왕·
마나사용왕·우발라용왕이
각각 백천 권속들과 같이 있었다.
그리고 네 긴나라왕이 있었는데, 법긴나라왕·

라	왕		묘	법	긴	나	라	왕	
羅	王		妙	法	緊	那	羅	王	
새그물 라	임금 왕		묘할 묘	법 법	긴할 긴	어찌 나	새그물 라	임금 왕	

대	법	긴	나	라	왕		지	법	긴
大	法	緊	那	羅	王		持	法	緊
큰 대	법 법	긴할 긴	어찌 나	새그물 라	임금 왕		가질 지	법 법	긴할 긴

나	라	왕		각	여	약	간		백
那	羅	王		各	與	若	干		百
어찌 나	새그물 라	임금 왕		각각 각	더불어 여	같을 약	방패 간		일백 백

천	권	속	구		유	사	건	달	바
千	眷	屬	俱		有	四	乾	闥	婆
일천 천	돌아볼 권	무리 속	함께 구		있을 유	넉 사	하늘 건	대궐문 달	할미 파(바)

왕		악	건	달	바	왕		악	음
王		樂	乾	闥	婆	王		樂	音
임금 왕		풍류 악	하늘 건	대궐문 달	할미 파(바)	임금 왕		풍류 악	소리 음

묘법긴나라왕·대법긴나라왕·지법긴나라왕이
각각 백천 권속들과 함께 있었다.
또 음악을 연주하는 네 건달바왕이 있었는데,
악건달바왕·

건	달	바	왕		미	건	달	바	왕
乾	闥	婆	王		美	乾	闥	婆	王
하늘 건	대궐문 달	할미 파(바)	임금 왕		아름다울 미	하늘 건	대궐문 달	할미 파(바)	임금 왕

미	음	건	달	바	왕		각	여	약
美	音	乾	闥	婆	王		各	與	若
아름다울 미	소리 음	하늘 건	대궐문 달	할미 파(바)	임금 왕		각각 각	더불어 여	같을 약

간		백	천	권	속	구		유	사
干		百	千	眷	屬	俱		有	四
방패 간		일백 백	일천 천	돌아볼 권	무리 속	함께 구		있을 유	넉 사

아	수	라	왕		바	치	아	수	라
阿	修	羅	王		婆	稚	阿	修	羅
언덕 아	닦을 수	새그물 라	임금 왕		할미 파(바)	어릴 치	언덕 아	닦을 수	새그물 라

왕		거	라	건	타	아	수	라	왕
王		佉	羅	騫	馱	阿	修	羅	王
임금 왕		나라이름 거	새그물 라	이지러질 건	실을 타	언덕 아	닦을 수	새그물 라	임금 왕

악음건달바왕·미건달바왕·미음건달바왕이
각각 백천 권속들과 같이 있었다.
그리고 네 아수라왕이 있었는데,
바치아수라왕·거라건타아수라왕·

비	마	질	다	라	아	수	라	왕	
毘	摩	質	多	羅	阿	修	羅	王	
도울비	갈마	바탕질	많을다	새그물라	언덕아	닦을수	새그물라	임금왕	

라	후	아	수	라	왕		각	여	약
羅	睺	阿	修	羅	王		各	與	若
새그물라	애꾸눈후	언덕아	닦을수	새그물라	임금왕		각각각	더불어여	같을약

간		백	천	권	속	구		유	사
干		百	千	眷	屬	俱		有	四
방패간		일백백	일천천	돌아볼권	무리속	함께구		있을유	넉사

가	루	라	왕		대	위	덕	가	루
迦	樓	羅	王		大	威	德	迦	樓
막을가	다락루	새그물라	임금왕		큰대	위엄위	덕덕	막을가	다락루

라	왕		대	신	가	루	라	왕	
羅	王		大	身	迦	樓	羅	王	
새그물라	임금왕		큰대	몸신	막을가	다락루	새그물라	임금왕	

비마질다라아수라왕·라후아수라왕이
각각 백천 권속들과 함께 있었다.
또한 네 가루라왕이 있었는데,
대위덕가루라왕·대신가루라왕·

대	만	가	루	라	왕		여	의	가
大	滿	迦	樓	羅	王		如	意	迦
큰대	찰만	막을가	다락루	새그물라	임금왕		같을여	뜻의	막을가

루	라	왕		각	여	약	간		백
樓	羅	王		各	與	若	干		百
다락루	새그물라	임금왕		각각각	더불어여	같을약	방패간		일백백

천	권	속	구		위	제	희	자	
千	眷	屬	俱		韋	提	希	子	
일천천	돌아볼권	무리속	함께구		다룬가죽위	끌제	드물희	아들자	

아	사	세	왕		여	약	간		백
阿	闍	世	王		與	若	干		百
언덕아	화장할사	세상세	임금왕		더불어여	같을약	방패간		일백백

천	권	속	구		각	예	불	족	
千	眷	屬	俱		各	禮	佛	足	
일천천	돌아볼권	무리속	함께구		각각각	예도예	부처불	발족	

대만가루라왕·여의가루라왕이 각각 백천 권속들과 같이 있었다.
그리고 위제희 부인의 아들 아사세왕도
백천 명의 권속들과 함께 있었다.
그들은 모두 각각 부처님 발에 예배하고

퇴	좌	일	면		이	시	세	존	
退	坐	一	面		爾	時	世	尊	
물러날 퇴	앉을 좌	한 일	방위 면		그 이	때 시	세상 세	높을 존	

사	중	위	요		공	양	공	경	
四	衆	圍	遶		供	養	恭	敬	
넉 사	무리 중	두를 위	두를 요		이바지할 공	기를 양	공손할 공	공경할 경	

존	중	찬	탄		위	제	보	살	
尊	重	讚	歎		爲	諸	菩	薩	
높을 존	무거울 중	칭찬할 찬	찬탄할 탄		위할 위	모든 제	보리 보	보살 살	

설	대	승	경		명	무	량	의	
說	大	乘	經		名	無	量	義	
말씀 설	큰 대	탈 승	경 경		이름 명	없을 무	헤아릴 량	의미 의	

교	보	살	법		불	소	호	념	
教	菩	薩	法		佛	所	護	念	
가르칠 교	보리 보	보살 살	법 법		부처 불	바 소	보호할 호	생각 념	

한 쪽으로 물러나 앉았다. 그때 세존께서는
사부대중에게 둘러싸여 공양 받으셨으며, 공경과 존중과 찬탄을 받으셨다.
그리고 모든 보살들을 위하여 대승경을 연설하셨으니 바로 무량의경이었다.
이는 보살을 가르치는 법으로, 부처님께서 보호하시고 생각하시는 경이었다.

불	설	차	경	이		결	가	부	좌
佛	說	此	經	已		結	跏	趺	坐
부처 불	말씀 설	이 차	경 경	마칠 이		맺을 결	책상다리 가	책상다리 부	앉을 좌

입	어	무	량	의	처	삼	매		신
入	於	無	量	義	處	三	昧		身
들 입	어조사 어	없을 무	헤아릴 량	의미 의	곳 처	석 삼	어두울 매		몸 신

심	부	동		시	시		천	우	만
心	不	動		是	時		天	雨	曼
마음 심	아닐 부	움직일 동		이 시	때 시		하늘 천	비 우	아름다울 만

다	라	화		마	하	만	다	라	화
陀	羅	華		摩	訶	曼	陀	羅	華
비탈질 타(다)	새그물 라	꽃 화		갈 마	꾸짖을 가(하)	아름다울 만	비탈질 타(다)	새그물 라	꽃 화

만	수	사	화		마	하	만	수	사
曼	殊	沙	華		摩	訶	曼	殊	沙
아름다울 만	뛰어날 수	모래 사	꽃 화		갈 마	꾸짖을 가(하)	아름다울 만	뛰어날 수	모래 사

부처님께서 무량의경을 설하여 마치신 후,
가부좌를 맺으시고 무량의처삼매에 드시니
몸과 마음이 전혀 움직이지 아니하셨다. 바로 이때 하늘에서
만다라꽃과 마하만다라꽃, 만수사꽃과 마하만수사꽃이

화		이	산	불	상		급	제	대
華		而	散	佛	上		及	諸	大
꽃화		말이을이	흩을산	부처불	위상		및급	모든제	큰대

중		보	불	세	계		육	종	진
衆		普	佛	世	界		六	種	震
무리중		널리보	부처불	세상세	지경계		여섯육	종류종	진동할진

동		이	시	회	중		비	구	비
動		爾	時	會	中		比	丘	比
움직일동		그이	때시	모임회	가운데중		견줄비	언덕구	견줄비

구	니		우	바	새	우	바	이	
丘	尼		優	婆	塞	優	婆	夷	
언덕구	여승니		넉넉할우	할미 파(바)	변방새	넉넉할우	할미 파(바)	오랑캐이	

천	룡	야	차		건	달	바	아	수
天	龍	夜	叉		乾	闥	婆	阿	修
하늘천	용룡	밤야	깍지낄차		하늘건	대궐문달	할미 파(바)	언덕아	닦을수

부처님 머리 위와 모든 대중들에게 꽃비가 되어 내렸다.
그리고 온 부처님의 세계가 여섯 가지로 진동하며 움직였다.
그때 모임 가운데에 있던 비구·비구니·우바새·우바이와
하늘천신·용·야차, 그리고 건달바·아수라·

라		가	루	라	긴	나	라		마
羅		迦	樓	羅	緊	那	羅		摩
새그물 라		막을 가	다락 루	새그물 라	긴할 긴	어찌 나	새그물 라		갈 마

후	라	가	인	비	인		급	제	소
睺	羅	伽	人	非	人		及	諸	小
애꾸눈 후	새그물 라	절 가	사람 인	아닐 비	사람 인		미칠 급	모든 제	작을 소

왕		전	륜	성	왕		시	제	대
王		轉	輪	聖	王		是	諸	大
임금 왕		구를 전	바퀴 륜	성인 성	임금 왕		이 시	모든 제	큰 대

중		득	미	증	유		환	희	합
衆		得	未	曾	有		歡	喜	合
무리 중		얻을 득	아닐 미	일찍 증	있을 유		기쁠 환	기쁠 희	합할 합

장		일	심	관	불		이	시	
掌		一	心	觀	佛		爾	時	
손바닥 장		한 일	마음 심	볼 관	부처 불		그 이	때 시	

가루라·긴나라·마후라가 같이 사람인 듯하면서 아닌 이들과
여러 작은 왕들과 전륜성왕 등 이러한 모든 대중들이
일찍이 없던 희유함을 느끼면서, 환희하여 합장한 채
부처님을 하염없이 일심으로 우러러보았다. 그러자 그때

불	방	미	간		백	호	상	광	
佛	放	眉	間		白	毫	相	光	
부처 불	놓을 방	눈썹 미	사이 간		흰 백	터럭 호	모양 상	빛 광	

조	동	방		만	팔	천	세	계	
照	東	方		萬	八	千	世	界	
비출 조	동녘 동	방위 방		일만 만	여덟 팔	일천 천	세상 세	지경 계	

미	부	주	변		하	지	아	비	지
靡	不	周	遍		下	至	阿	鼻	地
없을 미	아닐 부	두루 주	두루 편(변)		아래 하	이를 지	언덕 아	코 비	땅 지

옥		상	지	아	가	니	타	천	
獄		上	至	阿	迦	尼	吒	天	
옥 옥		위 상	이를 지	언덕 아	막을 가	여승 니	꾸짖을 타	하늘 천	

어	차	세	계		진	견	피	토	
於	此	世	界		盡	見	彼	土	
어조사 어	이 차	세상 세	지경 계		다할 진	볼 견	저 피	흙 토	

부처님께서 두 눈썹 사이로 백호상의 광명을 놓으사
동쪽으로 만 팔천 세계를 두루 비추지 않는 곳이 없었으니,
아래로는 아비지옥에 이르고 위로는 아가니타천에까지 비추었다.
그리하여 이 사바세계에서 다른 세계 국토의

육	취	중	생		우	견	피	토	
六	趣	衆	生		又	見	彼	土	
여섯 육	향할 취	무리 중	날 생		또 우	볼 견	저 피	흙 토	

현	재	제	불		급	문	제	불	
現	在	諸	佛		及	聞	諸	佛	
지금 현	있을 재	모든 제	부처 불		및 급	들을 문	모든 제	부처 불	

소	설	경	법		병	견	피	제	비
所	說	經	法		幷	見	彼	諸	比
바 소	말씀 설	경 경	법 법		아우를 병	볼 견	저 피	모든 제	견줄 비

구	비	구	니		우	바	새	우	바
丘	比	丘	尼		優	婆	塞	優	婆
언덕 구	견줄 비	언덕 구	여승 니		넉넉할 우	할미 파(바)	변방 새	넉넉할 우	할미 파(바)

이		제	수	행	득	도	자		부
夷		諸	修	行	得	道	者		復
오랑캐 이		모든 제	닦을 수	행할 행	얻을 득	길 도	놈 자		다시 부

여섯 갈래 중생들을 모두 보게 되었고,
또 다른 세계 국토에 계신 모든 부처님들을 뵈옵고는
그 부처님들께서 설법하시는 경전의 가르침도 듣게 되었다.
아울러 다른 세계 국토의 여러 비구·비구니·우바새·우바이들이 수행하여 도 얻는 것을 다 보았고,

견	제	보	살	마	하	살		종	종
見	諸	菩	薩	摩	訶	薩		種	種
볼견	모든제	보리보	보살살	갈마	꾸짖을가(하)	보살살		종류종	종류종

인	연		종	종	신	해		종	종
因	緣		種	種	信	解		種	種
인할인	인연연		종류종	종류종	믿을신	풀해		종류종	종류종

상	모		행	보	살	도		부	견
相	貌		行	菩	薩	道		復	見
모양상	모양모		행할행	보리보	보살살	길도		다시부	볼견

제	불		반	열	반	자		부	견
諸	佛		般	涅	槃	者		復	見
모든제	부처불		돌반	개흙열	쟁반반	놈자		다시부	볼견

제	불		반	열	반	후		이	불
諸	佛		般	涅	槃	後		以	佛
모든제	부처불		돌반	개흙열	쟁반반	뒤후		써이	부처불

또 많은 보살마하살들이 여러 가지 인연과 이해 정도와
갖가지 모습으로 보살도 닦는 것을 보았다.
또 모든 부처님들께서 열반에 드시는 것을 친견하였고,
다시 모든 부처님들 열반하신 후에

사	리		기	칠	보	탑		이	시
舍	利		起	七	寶	塔		爾	時
집사	이로울리		일어날기	일곱칠	보배보	탑탑		그이	때시

미	륵	보	살		작	시	념		금
彌	勒	菩	薩		作	是	念		今
두루찰미	굴레륵	보리보	보살살		지을작	이시	생각념		이제금

자	세	존		현	신	변	상		이
者	世	尊		現	神	變	相		以
놈자	세상세	높을존		나타날현	신통할신	변할변	모양상		써이

하	인	연		이	유	차	서		금
何	因	緣		而	有	此	瑞		今
어찌하	인할인	인연연		말이을이	있을유	이차	상서서		이제금

불	세	존		입	우	삼	매		시
佛	世	尊		入	于	三	昧		是
부처불	세상세	높을존		들입	어조사우	석삼	어두울매		이시

대중들이 부처님 사리를 가지고 칠보탑 세우는 것을 전부 보았다. 그때
미륵보살이 이렇게 생각하였다. '지금 세존께서 신령스러운 변화모양을 나타내시거늘,
도대체 무슨 사연으로써 이러한 상서를 보이시는 것일까?
지금 부처님 세존께서는 삼매에 드셨으니,

불	가	사	의		현	희	유	사	
不	可	思	議		現	希	有	事	
아닐 불	가히 가	생각할 사	의논할 의		나타날 현	드물 희	있을 유	일 사	

당	이	문	수		수	능	답	자	
當	以	問	誰		誰	能	答	者	
마땅히 당	써 이	물을 문	누구 수		누구 수	능할 능	대답할 답	놈 자	

부	작	차	념		시	문	수	사	리
復	作	此	念		是	文	殊	師	利
다시 부	지을 작	이 차	생각 념		이 시	글월 문	뛰어날 수	스승 사	이로울 리

법	왕	지	자		이	증	친	근	공
法	王	之	子		已	曾	親	近	供
법 법	임금 왕	어조사 지	아들 자		이미 이	일찍 증	친할 친	가까울 근	이바지할 공

양		과	거	무	량	제	불		필
養		過	去	無	量	諸	佛		必
기를 양		지날 과	갈 거	없을 무	헤아릴 량	모든 제	부처 불		반드시 필

이 부사의하고 희유한 일에 대해 마땅히 누구에게 여쭤봐야 하며
누가 능히 대답할 수 있겠는가?' 그리고 나서 다시 이렇게 생각하였다.
'이 문수사리 법왕자는 이미 일찍이 지난 세상에
한량없는 모든 부처님들을 가까이 모시고 공양하였으니, 반드시

응	견	차		희	유	지	상		아
應	見	此		希	有	之	相		我
응당히 응	볼 견	이 차		드물 희	있을 유	어조사 지	모양 상		나 아

금	당	문		이	시		비	구	비
今	當	問		爾	時		比	丘	比
이제 금	마땅히 당	물을 문		그 이	때 시		견줄 비	언덕 구	견줄 비

구	니		우	바	새	우	바	이	
丘	尼		優	婆	塞	優	婆	夷	
언덕 구	여승 니		넉넉할 우	할미 파(바)	변방 새	넉넉할 우	할미 파(바)	오랑캐 이	

급	제	천	룡	귀	신	등		함	작
及	諸	天	龍	鬼	神	等		咸	作
및 급	모든 제	하늘 천	용 룡	귀신 귀	귀신 신	무리 등		다 함	지을 작

차	념		시	불	광	명		신	통
此	念		是	佛	光	明		神	通
이 차	생각 념		이 시	부처 불	빛 광	밝을 명		신통할 신	통할 통

이와 같은 희유한 모양을 보았을 것이다.
그러니 내가 이제 마땅히 이것을 여쭤봐야겠다.'
그때에 비구·비구니·우바새·우바이와 여러 하늘천신·용·귀신들도
모두 다 이렇게 생각하였다. '이 부처님의 광명과

지	상		금	당	문	수		이	시
之	相		今	當	問	誰		爾	時
어조사 지	모양 상		이제 금	마땅히 당	물을 문	누구 수		그 이	때 시

미	륵	보	살		욕	자	결	의	
彌	勒	菩	薩		欲	自	決	疑	
두루찰 미	굴레 륵	보리 보	보살 살		하고자할 욕	스스로 자	결단할 결	의심할 의	

우	관	사	중		비	구	비	구	니
又	觀	四	衆		比	丘	比	丘	尼
또 우	볼 관	넉 사	무리 중		견줄 비	언덕 구	견줄 비	언덕 구	여승 니

우	바	새	우	바	이		급	제	천
優	婆	塞	優	婆	夷		及	諸	天
넉넉할 우	할미 파(바)	변방 새	넉넉할 우	할미 파(바)	오랑캐 이		및 급	모든 제	하늘 천

룡	귀	신	등		중	회	지	심	
龍	鬼	神	等		衆	會	之	心	
용 룡	귀신 귀	귀신 신	무리 등		무리 중	모일 회	어조사 지	마음 심	

신통한 모양에 대해서 지금 마땅히 누구에게 여쭤봐야 한단 말인가?'
그때 미륵보살은 자기의 의심도 풀고,
또 사부대중인 비구·비구니·우바새·우바이와
여러 하늘천신·용·귀신 등 모든 대중들의 궁금한 마음을 헤아려서

이	문	문	수	사	리	언		이	하
而	問	文	殊	師	利	言		以	何
말이을이	물을문	글월문	뛰어날수	스승사	이로울리	말씀언		써이	어찌하

인	연		이	유	차	서		신	통
因	緣		而	有	此	瑞		神	通
인할인	인연연		말이을이	있을유	이차	상서서		신통할신	통할통

지	상		방	대	광	명		조	우
之	相		放	大	光	明		照	于
어조사지	모양상		놓을방	큰대	빛광	밝을명		비출조	어조사우

동	방		만	팔	천	토		실	견
東	方		萬	八	千	土		悉	見
동녘동	방위방		일만만	여덟팔	일천천	흙토		다실	볼견

피	불		국	계	장	엄		어	시
彼	佛		國	界	莊	嚴		於	是
저피	부처불		나라국	지경계	꾸밀장	엄할엄		어조사어	이시

문수사리보살에게 여쭈었다.
"무슨 인연으로써 이렇게 상서롭고 신통한 모양을 나타내는 것입니까?
큰 광명을 놓으사 동방으로 만 팔천 세계를 비추어
다른 부처님 세계의 장엄한 모습까지 전부 보게 하는지 궁금하기 짝이 없습니다."

미	륵	보	살		욕	중	선	차	의
彌	勒	菩	薩		欲	重	宣	此	義
두루찰 미	굴레 륵	보리 보	보살 살		하고자할 욕	거듭할 중	베풀 선	이 차	의미 의

이	게	문	왈		문	수	사	리	
以	偈	問	曰		文	殊	師	利	
써 이	게송 게	물을 문	가로 왈		글월 문	뛰어날 수	스승 사	이로울 리	

도	사	하	고		미	간	백	호	
導	師	何	故		眉	間	白	毫	
이끌 도	스승 사	어찌 하	연고 고		눈썹 미	사이 간	흰 백	터럭 호	

대	광	보	조		우	만	다	라	
大	光	普	照		雨	曼	陀	羅	
큰 대	빛 광	널리 보	비출 조		비 우	아름다울 만	비탈질 타(다)	새그물 라	

만	수	사	화		전	단	향	풍	
曼	殊	沙	華		栴	檀	香	風	
아름다울 만	뛰어날 수	모래 사	꽃 화		단향목 전	단향목 단	향기 향	바람 풍	

이에 미륵보살이 거듭 의미를 표현하고자 게송으로 여쭈었다.

문수사리보살이여! 부처님 도사께서 무슨 까닭으로
미간 백호상에서 큰 광명을 널리 비추시고, 만다라꽃과 만수사꽃이
꽃비 되어 흩날리며 전단향 훈풍까지 불어와

열	가	중	심		이	시	인	연	
悅	可	衆	心		以	是	因	緣	
기쁠 열	가히 가	무리 중	마음 심		써 이	이 시	인할 인	인연 연	

지	개	엄	정		이	차	세	계	
地	皆	嚴	淨		而	此	世	界	
땅 지	다 개	엄할 엄	깨끗할 정		말이을 이	이 차	세상 세	지경 계	

육	종	진	동		시	사	부	중	
六	種	震	動		時	四	部	衆	
여섯 육	종류 종	진동할 진	움직일 동		때 시	넉 사	나눌 부	무리 중	

함	개	환	희		신	의	쾌	연	
咸	皆	歡	喜		身	意	快	然	
다 함	다 개	기쁠 환	기쁠 희		몸 신	뜻 의	쾌할 쾌	그러할 연	

득	미	증	유		미	간	광	명	
得	未	曾	有		眉	間	光	明	
얻을 득	아닐 미	일찍 증	있을 유		눈썹 미	사이 간	빛 광	밝을 명	

대중들의 마음을 즐겁게 하나이까?
이로 인하여 땅은 모두 깨끗해지고 이 세계가 여섯 가지로 진동하니,
이때 사부대중들 모두 다 환희하며 몸도 마음도 상쾌하여
일찍이 없던 희유함을 느끼나이다. 미간의 광명이

조	우	동	방		만	팔	천	토	
照	于	東	方		萬	八	千	土	
비출조	어조사우	동녘동	방위방		일만만	여덟팔	일천천	흙토	

개	여	금	색		종	아	비	옥	
皆	如	金	色		從	阿	鼻	獄	
다개	같을여	쇠금	빛색		좇을종	언덕아	코비	옥옥	

상	지	유	정		제	세	계	중	
上	至	有	頂		諸	世	界	中	
위상	이를지	있을유	정수리정		모든제	세상세	지경계	가운데중	

육	도	중	생		생	사	소	취	
六	道	衆	生		生	死	所	趣	
여섯육	길도	무리중	날생		날생	죽을사	바소	향할취	

선	악	업	연		수	보	호	추	
善	惡	業	緣		受	報	好	醜	
착할선	악할악	업업	인연연		받을수	갚을보	좋을호	더러울추	

동방을 비추니 만 팔천 세계가 모두 금빛으로 찬란하고,
아래로 아비지옥에서 위로 유정천에 이르는
모든 세계 가운데의 육도 중생들이 나고 죽는 윤회 과정에서
선악의 업연으로 좋고 나쁜 과보 받는 것을

어	차	실	견		우	도	제	불	
於	此	悉	見		又	覩	諸	佛	
어조사어	이차	다실	볼견		또우	볼도	모든제	부처불	

성	주	사	자		연	설	경	전	
聖	主	師	子		演	說	經	典	
성인성	주인주	스승사	아들자		펼연	말씀설	경경	법전	

미	묘	제	일		기	성	청	정	
微	妙	第	一		其	聲	清	淨	
작을미	묘할묘	차례제	한일		그기	소리성	맑을청	깨끗할정	

출	유	연	음		교	제	보	살	
出	柔	軟	音		教	諸	菩	薩	
날출	부드러울유	연할연	소리음		가르칠교	모든제	보리보	보살살	

무	수	억	만		범	음	심	묘	
無	數	億	萬		梵	音	深	妙	
없을무	셀수	억억	일만만		깨끗할범	소리음	깊을심	묘할묘	

여기서 모두 보나이다. 또 많은 부처님들 뵙건대
성주이신 스승님께서 경전을 연설하심에 미묘하심이 제일이라.
그 음성 청정하여 맑고도 부드러운 말씀으로 모든 보살들을 가르치시니
그 수가 억만 명이며, 깨끗한 음성 깊고 미묘하여

영	인	락	문		각	어	세	계	
令	人	樂	聞		各	於	世	界	
하여금 영	사람 인	즐길 락	들을 문		각각 각	어조사 어	세상 세	지경 계	

강	설	정	법		종	종	인	연	
講	說	正	法		種	種	因	緣	
강론할 강	말씀 설	바를 정	법 법		종류 종	종류 종	인할 인	인연 연	

이	무	량	유		조	명	불	법	
以	無	量	喩		照	明	佛	法	
써 이	없을 무	헤아릴 량	비유할 유		비출 조	밝을 명	부처 불	법 법	

개	오	중	생		약	인	조	고	
開	悟	衆	生		若	人	遭	苦	
열 개	깨달을 오	무리 중	날 생		만약 약	사람 인	만날 조	괴로울 고	

염	노	병	사		위	설	열	반	
厭	老	病	死		爲	說	涅	槃	
싫을 염	늙을 노	병들 병	죽을 사		위할 위	말씀 설	개흙 열	쟁반 반	

사람들 듣기 좋아하는 목소리로 각각 여러 세계에서 정법을 강설하시되,
여러 가지 인연과 한량없는 비유로써 불법을 환하게 밝히시어
중생들을 깨우치시나이다. 만일 어떤 이가 고통을 겪으며
늙고 병들어 죽는 것을 싫어하면 그를 위해 열반의 가르침 설하여

진	제	고	제		약	인	유	복	
盡	諸	苦	際		若	人	有	福	
다할 진	모든 제	괴로울 고	가 제		만약 약	사람 인	있을 유	복 복	

증	공	양	불		지	구	승	법	
曾	供	養	佛		志	求	勝	法	
일찍 증	이바지할 공	기를 양	부처 불		뜻 지	구할 구	수승할 승	법 법	

위	설	연	각		약	유	불	자	
爲	說	緣	覺		若	有	佛	子	
위할 위	말씀 설	인연 연	깨달을 각		만약 약	있을 유	부처 불	아들 자	

수	종	종	행		구	무	상	혜	
修	種	種	行		求	無	上	慧	
닦을 수	종류 종	종류 종	행할 행		구할 구	없을 무	위 상	지혜 혜	

위	설	정	도		문	수	사	리	
爲	說	淨	道		文	殊	師	利	
위할 위	말씀 설	깨끗할 정	길 도		글월 문	뛰어날 수	스승 사	이로울 리	

모든 고통을 없애게 하시고, 어떤 이가 복이 있어 일찍이 부처님께 공양했으며
마음에 수승한 법을 구하거든 연각의 법을 설해주시며,
어떤 불자 여러 가지 수행을 닦으며 위없이 높은 지혜를 구하면
청정한 보살도를 설해주시나이다. 문수사리보살이여!

아	주	어	차		견	문	약	사	
我	住	於	此		見	聞	若	斯	
나아	머물주	어조사어	이차		볼견	들을문	같을약	이사	

급	천	억	사		여	시	중	다	
及	千	億	事		如	是	衆	多	
및급	일천천	억억	일사		같을여	이시	무리중	많을다	

금	당	약	설		아	견	피	토	
今	當	略	說		我	見	彼	土	
이제금	마땅히당	대강략(약)	말씀설		나아	볼견	저피	흙토	

항	사	보	살		종	종	인	연	
恒	沙	菩	薩		種	種	因	緣	
항상항	모래사	보리보	보살살		종류종	종류종	인할인	인연연	

이	구	불	도		혹	유	행	시	
而	求	佛	道		或	有	行	施	
말이을이	구할구	부처불	길도		혹혹	있을유	행할행	베풀시	

제가 이곳에 있으면서 이것뿐 아니라 천억 가지를 보고 듣거늘
그중에서 대강만 말하겠나이다. 제가 보니 다른 세계의
항하 모래알처럼 많은 보살들 여러 가지 인연으로
불도를 구하거니, 어떤 이는 보시하기를

금	은	산	호		진	주	마	니	
金	銀	珊	瑚		眞	珠	摩	尼	
쇠금	은은	산호산	산호호		참진	구슬주	갈마	여승니	

자	거	마	노		금	강	제	진	
硨	磲	瑪	瑙		金	剛	諸	珍	
옥돌자	옥돌거	마노마	마노노		쇠금	굳셀강	모든제	보배진	

노	비	거	승		보	식	연	여	
奴	婢	車	乘		寶	飾	輦	輿	
종노	여종비	수레거	탈승		보배보	꾸밀식	손수레연	수레여	

환	희	보	시		회	향	불	도	
歡	喜	布	施		迴	向	佛	道	
기쁠환	기쁠희	베풀포(보)	베풀시		돌회	향할향	부처불	길도	

원	득	시	승		삼	계	제	일	
願	得	是	乘		三	界	第	一	
원할원	얻을득	이시	탈승		석삼	지경계	차례제	한일	

금과 은·산호 진주와 마니보배 자거와 마노, 금강석과 여러 보배들
남녀 노비와 수레 그리고 보배로 꾸민 가마들을 환희심으로 베풀면서,
불도에 회향하여 모든 부처님들께서
삼계의 제일이라 찬탄하시는 일불승 얻기를 원하더이다.

제	불	소	탄		혹	유	보	살	
諸	佛	所	歎		或	有	菩	薩	
모든제	부처불	바소	찬탄할탄		혹혹	있을유	보리보	보살살	

사	마	보	거		난	순	화	개	
駟	馬	寶	車		欄	楯	華	蓋	
사마사	말마	보배보	수레거		난간난	난간순	꽃화	덮을개	

헌	식	보	시		부	견	보	살	
軒	飾	布	施		復	見	菩	薩	
추녀헌	꾸밀식	베풀포(보)	베풀시		다시부	볼견	보리보	보살살	

신	육	수	족		급	처	자	시	
身	肉	手	足		及	妻	子	施	
몸신	고기육	손수	발족		및급	아내처	아들자	베풀시	

구	무	상	도		우	견	보	살	
求	無	上	道		又	見	菩	薩	
구할구	없을무	위상	길도		또우	볼견	보리보	보살살	

어떤 보살은 네 마리 말이 끄는 보배수레에다
난간을 화려하게 꽃으로 덮고 추녀를 멋지게 장식하여 보시하며,
또 어떤 보살은 몸뚱이와 손과 발 게다가 처자까지 보시하여
위없이 높은 진리를 구하고, 다시 어떤 보살은

두	목	신	체		흔	락	시	여	
頭	目	身	體		欣	樂	施	與	
머리 두	눈 목	몸 신	몸 체		기뻐할 흔	즐길 락	베풀 시	줄 여	

구	불	지	혜		문	수	사	리	
求	佛	智	慧		文	殊	師	利	
구할 구	부처 불	슬기 지	지혜 혜		글월 문	뛰어날 수	스승 사	이로울 리	

아	견	제	왕		왕	예	불	소	
我	見	諸	王		往	詣	佛	所	
나 아	볼 견	모든 제	임금 왕		갈 왕	이를 예	부처 불	곳 소	

문	무	상	도		변	사	락	토	
問	無	上	道		便	捨	樂	土	
물을 문	없을 무	위 상	길 도		문득 변	버릴 사	즐길 락	흙 토	

궁	전	신	첩		체	제	수	발	
宮	殿	臣	妾		剃	除	鬚	髮	
집 궁	궁전 전	신하 신	첩 첩		머리깎을 체	제할 제	수염 수	터럭 발	

머리와 눈과 모든 몸을 기꺼이 보시하면서 부처님의 지혜를 구하더이다.
문수사리보살이여! 제가 보니 많은 왕들이
부처님 처소에 나아가서 위없이 높은 진리에 대해 여쭙고는,
곧바로 훌륭한 국토와 궁전과 신하와 처첩마저 버린 채 수염과 머리를 깎고

이	피	법	복		혹	견	보	살	
而	被	法	服		或	見	菩	薩	
말이을 이	입을 피	법 법	옷 복		혹 혹	볼 견	보리 보	보살 살	

이	작	비	구		독	처	한	정	
而	作	比	丘		獨	處	閑	靜	
말이을 이	지을 작	견줄 비	언덕 구		홀로 독	살 처	한가할 한	고요할 정	

낙	송	경	전		우	견	보	살	
樂	誦	經	典		又	見	菩	薩	
즐길 낙	외울 송	경 경	법 전		또 우	볼 견	보리 보	보살 살	

용	맹	정	진		입	어	심	산	
勇	猛	精	進		入	於	深	山	
날쌜 용	날랠 맹	정미할 정	나아갈 진		들 입	어조사 어	깊을 심	뫼 산	

사	유	불	도		우	견	이	욕	
思	惟	佛	道		又	見	離	欲	
생각할 사	생각할 유	부처 불	길 도		또 우	볼 견	떠날 이	욕심 욕	

법복을 입으며, 또 어떤 보살은 비구가 되어
홀로 고요한 곳에 앉아 경전 읽는 것을 좋아하고,
다시 어떤 보살은 용맹스럽게 정진하되 깊은 산 속에 들어가서
불도를 깊이 사색하며, 또 어떤 보살은 욕심을 떠나

상	처	공	한		심	수	선	정	
常	處	空	閑		深	修	禪	定	
항상 상	살 처	빌 공	한가할 한		깊을 심	닦을 수	고요할 선	선정 정	

득	오	신	통		우	견	보	살	
得	五	神	通		又	見	菩	薩	
얻을 득	다섯 오	신통할 신	통할 통		또 우	볼 견	보리 보	보살 살	

안	선	합	장		이	천	만	게	
安	禪	合	掌		以	千	萬	偈	
편안할 안	고요할 선	합할 합	손바닥 장		써 이	일천 천	일만 만	게송 게	

찬	제	법	왕		부	견	보	살	
讚	諸	法	王		復	見	菩	薩	
칭찬할 찬	모든 제	법 법	임금 왕		다시 부	볼 견	보리 보	보살 살	

지	심	지	고		능	문	제	불	
智	深	志	固		能	問	諸	佛	
슬기 지	깊을 심	뜻 지	굳을 고		능할 능	물을 문	모든 제	부처 불	

항상 고요한 곳에 머무르며 깊이 선정을 닦아서 다섯 가지 신통을 얻기도 하더이다.
그리고 어떤 보살은 선정에 깊이 들어 합장한 채
천만 가지 게송으로써 모든 부처님 법왕을 찬탄하며,
또 어떤 보살은 지혜가 깊고 뜻이 견고하여 능히 모든 부처님들께 법을 여쭙고는

문	실	수	지		우	견	불	자	
聞	悉	受	持		又	見	佛	子	
들을 문	다 실	받을 수	가질 지		또 우	볼 견	부처 불	아들 자	

정	혜	구	족		이	무	량	유	
定	慧	具	足		以	無	量	喩	
선정 정	지혜 혜	갖출 구	족할 족		써 이	없을 무	헤아릴 량	비유할 유	

위	중	강	법		흔	락	설	법	
爲	衆	講	法		欣	樂	說	法	
위할 위	무리 중	강론할 강	법 법		기뻐할 흔	즐길 락	말씀 설	법 법	

화	제	보	살		파	마	병	중	
化	諸	菩	薩		破	魔	兵	衆	
화할 화	모든 제	보리 보	보살 살		깨뜨릴 파	마귀 마	군사 병	무리 중	

이	격	법	고		우	견	보	살	
而	擊	法	鼓		又	見	菩	薩	
말이을 이	칠 격	법 법	북 고		또 우	볼 견	보리 보	보살 살	

들은 대로 전부 다 받아 지니며, 다시 어떤 불자는
선정과 지혜가 구족하여 한량없는 비유로써 대중들을 위해 설법하되,
기쁘고 즐겁게 설명해서 많은 보살들을 교화하고 마군중을 격파하여
법의 북소리를 높이 울리며, 또 어떤 보살은

적	연	연	묵		천	룡	공	경	
寂	然	宴	默		天	龍	恭	敬	
고요할 적	그러할 연	편안할 연	묵묵할 묵		하늘 천	용 룡	공손할 공	공경할 경	

불	이	위	희		우	견	보	살	
不	以	爲	喜		又	見	菩	薩	
아닐 불	써 이	할 위	기쁠 희		또 우	볼 견	보리 보	보살 살	

처	림	방	광		제	지	옥	고	
處	林	放	光		濟	地	獄	苦	
살 처	수풀 림	놓을 방	빛 광		건널 제	땅 지	옥 옥	괴로울 고	

영	입	불	도		우	견	불	자	
令	入	佛	道		又	見	佛	子	
하여금 영	들 입	부처 불	길 도		또 우	볼 견	부처 불	아들 자	

미	상	수	면		경	행	림	중	
未	嘗	睡	眠		經	行	林	中	
아닐 미	맛볼 상	잠잘 수	잠잘 면		지날 경	갈 행	수풀 림	가운데 중	

오래 선정을 닦아 안정되고 고요하여 하늘천신과 용이 공경하더라도
도무지 우쭐대며 좋아하지 않더이다. 그리고 어떤 보살은 숲 속에서 광명을 놓아
지옥 중생들의 고통을 제도하여 부처님 가르침에 들게 하며,
다시 어떤 불자는 잠도 자지 아니하고 숲 속을 거닐면서

근	구	불	도		우	견	구	계	
懃	求	佛	道		又	見	具	戒	
부지런할근	구할구	부처불	길도		또우	볼견	갖출구	지킬계	

위	의	무	결		정	여	보	주	
威	儀	無	缺		淨	如	寶	珠	
위엄위	거동의	없을무	이지러질결		깨끗할정	같을여	보배보	구슬주	

이	구	불	도		우	견	불	자	
以	求	佛	道		又	見	佛	子	
써이	구할구	부처불	길도		또우	볼견	부처불	아들자	

주	인	욕	력		증	상	만	인	
住	忍	辱	力		增	上	慢	人	
머물주	참을인	욕될욕	힘력		더할증	위상	거만할만	사람인	

악	매	추	타		개	실	능	인	
惡	罵	捶	打		皆	悉	能	忍	
악할악	욕할매	종아리칠추	칠타		다개	다실	능할능	참을인	

부지런히 불도를 구하고, 또 어떤 이는 계행 갖추어
위의에 조금도 흠되지 않도록 보배구슬처럼 깨끗하게 지키며
불도를 구하고, 다시 어떤 불자는 인욕력에 머물러
증상만들이 욕하고 때려도 다 능히 참고서

이	구	불	도		우	견	보	살	
以	求	佛	道		又	見	菩	薩	
써 이	구할 구	부처 불	길 도		또 우	볼 견	보리 보	보살 살	

이	제	희	소		급	치	권	속	
離	諸	戲	笑		及	癡	眷	屬	
떠날 이	모든 제	장난할 희	웃음 소		및 급	어리석을 치	돌아볼 권	무리 속	

친	근	지	자		일	심	제	란	
親	近	智	者		一	心	除	亂	
친할 친	가까울 근	슬기 지	놈 자		한 일	마음 심	제할 제	어지러울 란	

섭	념	산	림		억	천	만	세	
攝	念	山	林		億	千	萬	歲	
다스릴 섭	생각 념	뫼 산	수풀 림		억 억	일천 천	일만 만	해 세	

이	구	불	도		혹	견	보	살	
以	求	佛	道		或	見	菩	薩	
써 이	구할 구	부처 불	길 도		혹 혹	볼 견	보리 보	보살 살	

불도를 구하며, 그리고 어떤 보살은
희롱하며 웃고 떠드는 일과 어리석은 권속들을 떠나서
지혜로운 자를 친근히 하고, 일심으로 숲 속에서 산란한 마음 가다듬은 채
억천만 년 지나도록 불도를 구하며, 또 어떤 보살은

효	선	음	식		백	종	탕	약	
餚	饍	飮	食		百	種	湯	藥	
반찬효	반찬선	마실음	밥식		일백백	종류종	물끓일탕	약약	

시	불	급	승		명	의	상	복	
施	佛	及	僧		名	衣	上	服	
베풀시	부처불	및급	중승		이름명	옷의	좋을상	옷복	

가	치	천	만		혹	무	가	의	
價	値	千	萬		或	無	價	衣	
값가	값치	일천천	일만만		혹혹	없을무	값가	옷의	

시	불	급	승		천	만	억	종	
施	佛	及	僧		千	萬	億	種	
베풀시	부처불	및급	중승		일천천	일만만	억억	종류종	

전	단	보	사		중	묘	와	구	
栴	檀	寶	舍		衆	妙	臥	具	
단향목전	단향목단	보배보	집사		무리중	묘할묘	누울와	갖출구	

좋은 반찬과 음식과 백 가지 온갖 탕약으로 부처님과 스님들께 보시하고,
최상의 이름난 의복으로 천만 냥 나가는 좋은 옷과
값으로 따질 수 없이 귀한 옷을 부처님과 스님들께 보시하며,
천만억 가지의 전단으로 지은 보배집과 여러 가지 고급 침구들을

시	불	급	승		청	정	원	림	
施	佛	及	僧		清	淨	園	林	
베풀시	부처불	및급	중승		맑을청	깨끗할정	동산원	수풀림	

화	과	무	성		유	천	욕	지	
華	果	茂	盛		流	泉	浴	池	
꽃화	실과과	우거질무	성할성		흐를유	샘천	목욕할욕	못지	

시	불	급	승		여	시	등	시	
施	佛	及	僧		如	是	等	施	
베풀시	부처불	및급	중승		같을여	이시	무리등	베풀시	

종	종	미	묘		환	희	무	염	
種	種	微	妙		歡	喜	無	厭	
종류종	종류종	작을미	묘할묘		기쁠환	기쁠희	없을무	싫을염	

구	무	상	도		혹	유	보	살	
求	無	上	道		或	有	菩	薩	
구할구	없을무	위상	길도		혹혹	있을유	보리보	보살살	

부처님과 스님들께 보시하고, 꽃과 열매 무성한 깨끗한 동산 가운데
흐르는 샘물과 맑은 연못도 부처님과 스님들께 보시하나니, 이런 것들 보시하되
여러 가지 훌륭하고 미묘한 물건들을 조금도 아까워하지 않고 환희심으로 베풀며
위없이 높은 진리를 구하더이다. 또 어떤 보살은

설	적	멸	법		종	종	교	조	
說	寂	滅	法		種	種	教	詔	
말씀설	고요할적	멸할멸	법법		종류종	종류종	가르칠교	가르칠조	

무	수	중	생		혹	견	보	살	
無	數	衆	生		或	見	菩	薩	
없을무	셀수	무리중	날생		혹혹	볼견	보리보	보살살	

관	제	법	성		무	유	이	상	
觀	諸	法	性		無	有	二	相	
볼관	모든제	법법	성품성		없을무	있을유	두이	모양상	

유	여	허	공		우	견	불	자	
猶	如	虛	空		又	見	佛	子	
같을유	같을여	빌허	빌공		또우	볼견	부처불	아들자	

심	무	소	착		이	차	묘	혜	
心	無	所	著		以	此	妙	慧	
마음심	없을무	바소	잡을착		써이	이차	묘할묘	지혜혜	

적멸한 가르침을 설하되 여러 가지 교법으로 수없이 많은 중생들을 교화하며,
다시 어떤 보살은 모든 법의 성품은 두 가지 모양이 없어서
마치 허공처럼 차별이 없음을 관하고, 그리고 어떤 불자는
마음에 집착이 없으매 그런 훌륭한 지혜로써

구	무	상	도		문	수	사	리	
求	無	上	道		文	殊	師	利	
구할 구	없을 무	위 상	길 도		글월 문	뛰어날 수	스승 사	이로울 리	

우	유	보	살		불	멸	도	후	
又	有	菩	薩		佛	滅	度	後	
또 우	있을 유	보리 보	보살 살		부처 불	멸할 멸	건널 도	뒤 후	

공	양	사	리		우	견	불	자	
供	養	舍	利		又	見	佛	子	
이바지할 공	기를 양	집 사	이로울 리		또 우	볼 견	부처 불	아들 자	

조	제	탑	묘		무	수	항	사	
造	諸	塔	廟		無	數	恒	沙	
지을 조	모든 제	탑 탑	사당 묘		없을 무	셀 수	항상 항	모래 사	

엄	식	국	계		보	탑	고	묘	
嚴	飾	國	界		寶	塔	高	妙	
엄할 엄	꾸밀 식	나라 국	지경 계		보배 보	탑 탑	높을 고	묘할 묘	

위없이 높은 진리를 구하더이다. 문수사리보살이여!
또 어떤 보살은 부처님께서 열반하신 뒤 사리에 공양하며,
다시 어떤 불자는 항하의 모래알처럼 무수히 많은 탑묘를 쌓아
세계를 장엄하거늘, 아름다운 보배탑의 높이는

오	천	유	순		종	광	정	등	
五	千	由	旬		縱	廣	正	等	
다섯 오	일천 천	유순 유	유순 순		세로 종	가로 광	바를 정	같을 등	

이	천	유	순		일	일	탑	묘	
二	千	由	旬		一	一	塔	廟	
두 이	일천 천	유순 유	유순 순		한 일	한 일	탑 탑	사당 묘	

각	천	당	번		주	교	로	만	
各	千	幢	幡		珠	交	露	幔	
각각 각	일천 천	기 당	기 번		구슬 주	사귈 교	드러날 로	장막 만	

보	령	화	명		제	천	룡	신	
寶	鈴	和	鳴		諸	天	龍	神	
보배 보	방울 령	화평할 화	울 명		모든 제	하늘 천	용 룡	귀신 신	

인	급	비	인		향	화	기	악	
人	及	非	人		香	華	伎	樂	
사람 인	및 급	아닐 비	사람 인		향기 향	꽃 화	재주 기	풍류 악	

오천 유순이요 가로와 세로는 똑같이 이천 유순이나 되며,
하나하나의 탑묘마다 각각 천 개의 깃발이 휘날리고
진주구슬로 짠 휘장에는 보배방울들이 서로 딸그랑거리나니,
모든 하늘천신과 용과 귀신들 사람인 듯하면서 아닌 이들까지 향과 꽃과 음악으로

상	이	공	양		문	수	사	리	
常	以	供	養		文	殊	師	利	
항상 상	써 이	이바지할 공	기를 양		글월 문	뛰어날 수	스승 사	이로울 리	

제	불	자	등		위	공	사	리	
諸	佛	子	等		爲	供	舍	利	
모든 제	부처 불	아들 자	무리 등		위할 위	이바지할 공	집 사	이로울 리	

엄	식	탑	묘		국	계	자	연	
嚴	飾	塔	廟		國	界	自	然	
엄할 엄	꾸밀 식	탑 탑	사당 묘		나라 국	지경 계	스스로 자	그러할 연	

수	특	묘	호		여	천	수	왕	
殊	特	妙	好		如	天	樹	王	
뛰어날 수	특별할 특	묘할 묘	좋을 호		같을 여	하늘 천	나무 수	임금 왕	

기	화	개	부		불	방	일	광	
其	華	開	敷		佛	放	一	光	
그 기	꽃 화	열 개	펼 부		부처 불	놓을 방	한 일	빛 광	

늘 공양 올리더이다. 문수사리보살이여! 모든 불자들이 사리에 공양하려고
탑묘를 장엄하자, 온 나라 세계가 저절로 아름답고 훌륭하게 장엄되어
마치 하늘의 나무에 꽃이 활짝 피어난 듯하더이다.
부처님께서 한 줄기 광명을 비추시매

아	금	중	회		견	차	국	계	
我	及	衆	會		見	此	國	界	
나아	밎급	무리중	모일회		볼견	이차	나라국	지경계	

종	종	수	묘		제	불	신	력	
種	種	殊	妙		諸	佛	神	力	
종류종	종류종	뛰어날수	묘할묘		모든제	부처불	신통할신	힘력	

지	혜	희	유		방	일	정	광	
智	慧	希	有		放	一	淨	光	
슬기지	지혜혜	드물희	있을유		놓을방	한일	깨끗할정	빛광	

조	무	량	국		아	등	견	차	
照	無	量	國		我	等	見	此	
비출조	없을무	헤아릴량	나라국		나아	무리등	볼견	이차	

득	미	증	유		불	자	문	수	
得	未	曾	有		佛	子	文	殊	
얻을득	아닐미	일찍증	있을유		부처불	아들자	글월문	뛰어날수	

이곳에서 저와 모든 대중들이 온 나라 세계의 여러 가지 수승하고
미묘한 것들을 환히 보건대, 모든 부처님의 위신력과 지혜가 희유하여
한 줄기 깨끗한 광명을 놓으사 한량없는 세계들을 비추시거늘, 저희들은
이를 보며 일찍이 없던 희유함을 느끼거니 부처님 제자이신 문수사리보살이여!

원	결	중	의		사	중	흔	앙	
願	決	衆	疑		四	衆	欣	仰	
원할 원	결단할 결	무리 중	의심할 의		넉 사	무리 중	기뻐할 흔	우러를 앙	

첨	인	급	아		세	존	하	고	
瞻	仁	及	我		世	尊	何	故	
볼 첨	어질 인	및 급	나 아		세상 세	높을 존	어찌 하	연고 고	

방	사	광	명		불	자	시	답	
放	斯	光	明		佛	子	時	答	
놓을 방	이 사	빛 광	밝을 명		부처 불	아들 자	때 시	대답할 답	

결	의	영	희		하	소	요	익	
決	疑	令	喜		何	所	饒	益	
결단할 결	의심할 의	하여금 영	기쁠 희		어찌 하	바 소	넉넉할 요	더할 익	

연	사	광	명		불	좌	도	량	
演	斯	光	明		佛	坐	道	場	
펼 연	이 사	빛 광	밝을 명		부처 불	앉을 좌	길 도	마당 장(량)	

부디 저희 대중들의 의심을 풀어주소서! 사부대중들이 환희하여 거룩하신 당신과
나만을 우러르고 있나니, 세존께서 무슨 일로 이런 광명을 비추시는 것입니까?
불자여, 어서 지금 대답하시어 대중들 의심을 풀어주어 기쁘게 하소서!
이익되는 바가 무엇이기에 이렇게 찬란한 광명을 비추시는 것입니까? 부처님이 도량에 앉아

소	득	묘	법		위	욕	설	차	
所	得	妙	法		爲	欲	說	此	
바소	얻을득	묘할묘	법법		할위	하고자할욕	말씀설	이차	

위	당	수	기		시	제	불	토	
爲	當	授	記		示	諸	佛	土	
할위	마땅히당	줄수	기록할기		보일시	모든제	부처불	흙토	

중	보	엄	정		급	견	제	불	
衆	寶	嚴	淨		及	見	諸	佛	
무리중	보배보	엄할엄	깨끗할정		및급	볼견	모든제	부처불	

차	비	소	연		문	수	당	지	
此	非	小	緣		文	殊	當	知	
이차	아닐비	작을소	인연연		글월문	뛰어날수	마땅히당	알지	

사	중	용	신		첨	찰	인	자	
四	衆	龍	神		瞻	察	仁	者	
넉사	무리중	용용	귀신신		볼첨	살필찰	어질인	놈자	

얻으셨던 미묘한 법을 연설하시려고 하나이까? 아니면 수기를 주시려고 하나이까?
모든 불국토들이 온갖 보배로 장엄됨을 보이시고 여러 부처님들을
친견하게 됐으니 이는 절대 작은 인연이 아니옵니다. 문수사리보살이여,
사부대중과 용과 귀신들이 거룩하신 당신만 우러르고 있음을 고려하여

위	설	하	등		이	시		문	수
爲	說	何	等		爾	時		文	殊
할위	말씀설	어찌하	무리등		그이	때시		글월문	뛰어날수

사	리		어	미	륵	보	살	마	하
師	利		語	彌	勒	菩	薩	摩	訶
스승사	이로울리		말씀어	두루찰미	굴레륵	보리보	보살살	갈마	꾸짖을가(하)

살		급	제	대	사		선	남	자
薩		及	諸	大	士		善	男	子
보살살		및급	모든제	큰대	선비사		착할선	사내남	아들자

등		여	아	유	촌		금	불	세
等		如	我	惟	忖		今	佛	世
무리등		같을여	나아	생각할유	헤아릴촌		이제금	부처불	세상세

존		욕	설	대	법		우	대	법
尊		欲	說	大	法		雨	大	法
높을존		하고자할욕	말씀설	큰대	법법		비우	큰대	법법

무슨 까닭인지 제발 말씀해주소서!
그때 문수사리보살이 미륵 보살마하살과 모든 보살들에게 말씀하셨다.
"선남자들이여! 내 생각에 지금 부처님 세존께서는
큰 법을 설하시려고 하시는 것 같습니다. 큰 법비를 내려주시고

우		취	대	법	라		격	대	법
雨		吹	大	法	螺		擊	大	法
비우		불취	큰대	법법	소라라		칠격	큰대	법법

고		연	대	법	의		제	선	남
鼓		演	大	法	義		諸	善	男
북고		펼연	큰대	법법	의미의		모든제	착할선	사내남

자		아	어	과	거	제	불		증
子		我	於	過	去	諸	佛		曾
아들자		나아	어조사어	지날과	갈거	모든제	부처불		일찍증

견	차	서		방	사	광	이		즉
見	此	瑞		放	斯	光	已		即
볼견	이차	상서서		놓을방	이사	빛광	마칠이		곧즉

설	대	법		시	고	당	지		금
說	大	法		是	故	當	知		今
말씀설	큰대	법법		이시	연고고	마땅히당	알지		이제금

큰 법고둥을 부시며, 큰 법고를 치시어 큰 법의 뜻을 연설하시려고 하는 것 같습니다.
모든 선남자들이여! 나는 과거 여러 부처님들로부터
진작에 이와 같은 상서를 보았었는데, 이런 광명을 비추시고는
곧바로 큰 법을 설하셨습니다. 그러므로 마땅히 지금

불	현	광		역	부	여	시		욕
佛	現	光		亦	復	如	是		欲
부처 불	나타날 현	빛 광		또 역	다시 부	같을 여	이 시		하고자할 욕

령	중	생		함	득	문	지		일
令	衆	生		咸	得	聞	知		一
하여금 령	무리 중	날 생		다 함	얻을 득	들을 문	알 지		한 일

체	세	간		난	신	지	법		고
切	世	間		難	信	之	法		故
모두 체	세상 세	사이 간		어려울 난	믿을 신	어조사 지	법 법		연고 고

현	사	서		제	선	남	자		여
現	斯	瑞		諸	善	男	子		如
나타날 현	이 사	상서 서		모든 제	착할 선	사내 남	아들 자		같을 여

과	거	무	량	무	변		불	가	사
過	去	無	量	無	邊		不	可	思
지날 과	갈 거	없을 무	헤아릴 량	없을 무	가 변		아닐 불	가히 가	생각할 사

석가모니 부처님께서 광명을 나타내시는 것도 또한 그와 똑같을 것이라고 짐작할 수 있겠습니다.
곧 중생들로 하여금 일체 세간에서 믿기 어려운 법을 들어서 알게 하시려고,
일부러 이와 같은 상서를 나타내시는 것입니다. 모든 선남자들이여!
저 과거의 한량없고 그지없으며 이루 헤아릴 수 없이

의		아	승	기	겁		이	시	유
議		阿	僧	祇	劫		爾	時	有
의논할 의		언덕 아	중 승	토지신 기	겁 겁		그 이	때 시	있을 유

불		호	일	월	등	명	여	래	
佛		號	日	月	燈	明	如	來	
부처 불		이름 호	해 일	달 월	등잔 등	밝을 명	같을 여	올 래	

응	공		정	변	지		명	행	족
應	供		正	遍	知		明	行	足
응당히 응	이바지할 공		바를 정	두루 편(변)	알 지		밝을 명	행할 행	족할 족

선	서		세	간	해		무	상	사
善	逝		世	間	解		無	上	士
착할 선	갈 서		세상 세	사이 간	풀 해		없을 무	위 상	선비 사

조	어	장	부		천	인	사		불
調	御	丈	夫		天	人	師		佛
고를 조	길들일 어	어른 장	사나이 부		하늘 천	사람 인	스승 사		부처 불

머나먼 아승기 겁 이전에 그 당시의 부처님이 계셨으니,
일월등명여래·응공·정변지·명행족·선서·세간해·
무상사·조어장부·천인사·불

세	존		연	설	정	법		초	선
世	尊		演	說	正	法		初	善
세상 세	높을 존		펼 연	말씀 설	바를 정	법 법		처음 초	착할 선

중	선	후	선		기	의	심	원	
中	善	後	善		其	義	深	遠	
가운데 중	착할 선	뒤 후	착할 선		그 기	의미 의	깊을 심	멀 원	

기	어	교	묘		순	일	무	잡	
其	語	巧	妙		純	一	無	雜	
그 기	말씀 어	공교할 교	묘할 묘		순수할 순	한 일	없을 무	섞일 잡	

구	족	청	백		범	행	지	상	
具	足	清	白		梵	行	之	相	
갖출 구	족할 족	맑을 청	흰 백		깨끗할 범	행할 행	어조사 지	모양 상	

위	구	성	문	자		설	응	사	제
爲	求	聲	聞	者		說	應	四	諦
위할 위	구할 구	소리 성	들을 문	놈 자		말씀 설	응당히 응	넉 사	진리 제

세존이셨습니다. 그 부처님께서 정법을 연설하셨는데, 처음에도 잘 하셨지만
중간에도 잘 하셨고 나중에도 잘 연설하셨습니다. 그 가르침의 뜻이 심원할 뿐만 아니라
말씀도 미묘하고 순일하며 잡됨이 없어서, 깨끗한 범행의 모습을 두루 갖추셨습니다.
그리하여 성문을 구하는 자를 위해서는 응당히 사제법을 설하시어,

법		도	생	로	병	사		구	경
法		度	生	老	病	死		究	竟
법법		건널도	날생	늙을로	병들병	죽을사		궁구할구	다할경

열	반		위	구	벽	지	불	자	
涅	槃		爲	求	辟	支	佛	者	
개흙열	쟁반반		위할위	구할구	임금벽	지탱할지	부처불	놈자	

설	응	십	이	인	연	법		위	제
說	應	十	二	因	緣	法		爲	諸
말씀설	응당히응	열십	두이	인할인	인연연	법법		위할위	모든제

보	살		설	응	육	바	라	밀	
菩	薩		說	應	六	波	羅	蜜	
보리보	보살살		말씀설	응당히응	여섯육	물결파(바)	새그물라	꿀밀	

영	득	아	녹	다	라	삼	먁	삼	보
令	得	阿	耨	多	羅	三	藐	三	菩
하여금영	얻을득	언덕아	김맬누(녹)	많을다	새그물라	석삼	아득할막(먁)	석삼	보리보

생로병사를 벗어나 마침내 열반에 이르도록 하셨습니다.
벽지불을 구하는 자를 위해서는 십이인연법을 설하셨으며,
모든 보살들을 위해서는 육바라밀을 설하시어
아녹다라삼먁삼보리를 증득하여

리		성	일	체	종	지		차	부
提		成	一	切	種	智		次	復
끌제(리)		이룰성	한일	모두체	종류종	슬기지		버금차	다시부

유	불		역	명	일	월	등	명	
有	佛		亦	名	日	月	燈	明	
있을유	부처불		또역	이름명	해일	달월	등잔등	밝을명	

차	부	유	불		역	명	일	월	등
次	復	有	佛		亦	名	日	月	燈
버금차	다시부	있을유	부처불		또역	이름명	해일	달월	등잔등

명		여	시	이	만	불		개	동
明		如	是	二	萬	佛		皆	同
밝을명		같을여	이시	두이	일만만	부처불		다개	한가지동

일	자		호	일	월	등	명		우
一	字		號	日	月	燈	明		又
한일	글자자		이름호	해일	달월	등잔등	밝을명		또우

일체종지를 이루도록 하셨습니다.
그 다음에 또 부처님이 계셨으니 역시 일월등명불이라 하셨으며,
또 다음에도 부처님이 계셨으니 마찬가지로 일월등명불이라 하셨습니다.
이와 같이 하여 이만 분의 부처님들 이름이 모두 동일하게 일월등명불이셨고, 또

동	일	성		성	파	라	타		미
同	一	姓		姓	頗	羅	墮		彌
한가지 동	한 일	성 성		성 성	자못 파	새그물 라	떨어질 타		두루찰 미

륵	당	지		초	불	후	불		개
勒	當	知		初	佛	後	佛		皆
굴레 륵	마땅히 당	알 지		처음 초	부처 불	뒤 후	부처 불		다 개

동	일	자		명	일	월	등	명	
同	一	字		名	日	月	燈	明	
한가지 동	한 일	글자 자		이름 명	해 일	달 월	등잔 등	밝을 명	

십	호	구	족		소	가	설	법	
十	號	具	足		所	可	說	法	
열 십	이름 호	갖출 구	족할 족		바 소	가히 가	말씀 설	법 법	

초	중	후	선		기	최	후	불	
初	中	後	善		其	最	後	佛	
처음 초	가운데 중	뒤 후	착할 선		그 기	가장 최	뒤 후	부처 불	

성씨도 똑같이 파라타였습니다. 미륵보살이여! 마땅히 잘 명심할지니,
처음 부처님에서 나중 부처님까지 모두 똑같은 이름으로 일월등명불이셨으며
십호를 다 구족하셨습니다. 그리고 법을 연설함에 있어서도
처음이나 중간이나 나중이나 전부 잘 연설하셨습니다. 그 맨 나중 부처님께서

미	출	가	시		유	팔	왕	자	
未	出	家	時		有	八	王	子	
아닐 미	날 출	집 가	때 시		있을 유	여덟 팔	임금 왕	아들 자	

일	명	유	의		이	명	선	의	
一	名	有	意		二	名	善	意	
한 일	이름 명	있을 유	뜻 의		두 이	이름 명	착할 선	뜻 의	

삼	명	무	량	의		사	명	보	의
三	名	無	量	意		四	名	寶	意
석 삼	이름 명	없을 무	헤아릴 량	뜻 의		넉 사	이름 명	보배 보	뜻 의

오	명	증	의		육	명	제	의	의
五	名	增	意		六	名	除	疑	意
다섯 오	이름 명	더할 증	뜻 의		여섯 육	이름 명	제할 제	의심할 의	뜻 의

칠	명	향	의		팔	명	법	의	
七	名	響	意		八	名	法	意	
일곱 칠	이름 명	울림 향	뜻 의		여덟 팔	이름 명	법 법	뜻 의	

아직 출가하지 않으셨을 때에 여덟 명의 왕자를 두셨는데,
첫째 왕자의 이름은 유의요, 둘째 왕자 이름은 선의였습니다. 셋째 왕자 이름은 무량의요,
넷째 왕자 이름은 보의요, 다섯째 왕자 이름은 증의요, 여섯째 왕자 이름은 제의의요,
일곱째 왕자 이름은 향의요, 여덟째 왕자 이름은 법의였습니다.

시	팔	왕	자		위	덕	자	재	
是	八	王	子		威	德	自	在	
이시	여덟팔	임금왕	아들자		위엄위	덕덕	스스로자	있을재	

각	령	사	천	하		시	제	왕	자
各	領	四	天	下		是	諸	王	子
각각각	다스릴령	넉사	하늘천	아래하		이시	모든제	임금왕	아들자

문	부	출	가		득	아	녹	다	라
聞	父	出	家		得	阿	耨	多	羅
들을문	아비부	날출	집가		얻을득	언덕아	김맬누(녹)	많을다	새그물라

삼	먁	삼	보	리		실	사	왕	위
三	藐	三	菩	提		悉	捨	王	位
석삼	아득할막(먁)	석삼	보리보	끌제(리)		다실	버릴사	임금왕	자리위

역	수	출	가		발	대	승	의	
亦	隨	出	家		發	大	乘	意	
또역	따를수	날출	집가		필발	큰대	탈승	뜻의	

그 여덟 명의 왕자들은 위엄이 넘치고 덕이 자재하여 제각기 사천하를
당당히 다스리고 있었습니다. 그런데 그 모든 왕자들이 부왕께서 출가하시어
아뇩다라삼먁삼보리를 얻으셨다는 말을 듣고는, 모두 왕위를 버리고
아버지를 따라 출가하였습니다. 그들도 또한 대승의 마음을 일으켜

상	수	범	행		개	위	법	사	
常	修	梵	行		皆	爲	法	師	
항상 상	닦을 수	깨끗할 범	행할 행		다 개	할 위	법 법	스승 사	

이	어	천	만	불	소		식	제	선
已	於	千	萬	佛	所		植	諸	善
이미 이	어조사 어	일천 천	일만 만	부처 불	곳 소		심을 식	모든 제	착할 선

본		시	시		일	월	등	명	불
本		是	時		日	月	燈	明	佛
근본 본		이 시	때 시		해 일	달 월	등잔 등	밝을 명	부처 불

설	대	승	경		명	무	량	의	
說	大	乘	經		名	無	量	義	
말씀 설	큰 대	탈 승	경 경		이름 명	없을 무	헤아릴 량	의미 의	

교	보	살	법		불	소	호	념	
教	菩	薩	法		佛	所	護	念	
가르칠 교	보리 보	보살 살	법 법		부처 불	바 소	보호할 호	생각할 념	

항상 청정한 범행을 닦아 모두 법사가 되었으니, 이미 천만 분의 부처님들 처소에서
온갖 선근의 근본을 충분히 심은 상태가 되었습니다. 그 당시
일월등명 부처님께서 대승경을 연설하셨는데, 경전 이름을 무량의경이라 하였습니다.
보살들을 가르치는 법으로, 부처님께서 보호하시고 생각하시는 경이었습니다.

설	시	경	이		즉	어	대	중	중
說	是	經	已		即	於	大	衆	中
말씀 설	이 시	경 경	마칠 이		곧 즉	어조사 어	큰 대	무리 중	가운데 중

결	가	부	좌		입	어	무	량	의
結	跏	趺	坐		入	於	無	量	義
맺을 결	책상다리 가	책상다리 부	앉을 좌		들 입	어조사 어	없을 무	헤아릴 량	의미 의

처	삼	매		신	심	부	동		시
處	三	昧		身	心	不	動		是
곳 처	석 삼	어두울 매		몸 신	마음 심	아닐 부	움직일 동		이 시

시		천	우	만	다	라	화		마
時		天	雨	曼	陀	羅	華		摩
때 시		하늘 천	비 우	아름다울 만	비탈질 타(다)	새그물 라	꽃 화		갈 마

하	만	다	라	화		만	수	사	화
訶	曼	陀	羅	華		曼	殊	沙	華
꾸짖을 가(하)	아름다울 만	비탈질 타(다)	새그물 라	꽃 화		아름다울 만	뛰어날 수	모래 사	꽃 화

부처님께서 무량의경을 설하여 마치신 뒤
곧 대중 가운데에서 가부좌를 맺으시고, 무량의처삼매에 드시니
몸과 마음이 전혀 움직이지 아니하셨습니다.
바로 이때 하늘에서 만다라꽃과 마하만다라꽃, 만수사꽃과

마	하	만	수	사	화		이	산	불
摩	訶	曼	殊	沙	華		而	散	佛
갈 마	꾸짖을 가(하)	아름다울 만	뛰어날 수	모래 사	꽃 화		말 이을 이	흩을 산	부처 불

상		급	제	대	중		보	불	세
上		及	諸	大	衆		普	佛	世
위 상		및 급	모든 제	큰 대	무리 중		널리 보	부처 불	세상 세

계		육	종	진	동		이	시	회
界		六	種	震	動		爾	時	會
지경 계		여섯 육	종류 종	진동할 진	움직일 동		그 이	때 시	모임 회

중		비	구	비	구	니		우	바
中		比	丘	比	丘	尼		優	婆
가운데 중		견줄 비	언덕 구	견줄 비	언덕 구	여승 니		넉넉할 우	할미 파(바)

새	우	바	이		천	룡	야	차	
塞	優	婆	夷		天	龍	夜	叉	
변방 새	넉넉할 우	할미 파(바)	오랑캐 이		하늘 천	용 룡	밤 야	깍지낄 차	

마하만수사꽃이 꽃비가 되어 날리며,
부처님 머리 위와 모든 대중들에게 흩날렸습니다.
그리고 온 부처님의 세계가 여섯 가지로 진동하며 움직였습니다.
그때 회상 가운데에 있던 비구·비구니·우바새·우바이와 하늘천신·용·야차

건	달	바	아	수	라		가	루	라
乾	闥	婆	阿	修	羅		迦	樓	羅
하늘 건	대궐문 달	할미 파(바)	언덕 아	닦을 수	새그물 라		막을 가	다락 루	새그물 라

긴	나	라		마	후	라	가	인	비
緊	那	羅		摩	睺	羅	伽	人	非
긴할 긴	어찌 나	새그물 라		갈 마	애꾸눈 후	새그물 라	절 가	사람 인	아닐 비

인		급	제	소	왕		전	륜	성
人		及	諸	小	王		轉	輪	聖
사람 인		및 급	모든 제	작을 소	임금 왕		구를 전	바퀴 륜	성인 성

왕	등		시	제	대	중		득	미
王	等		是	諸	大	衆		得	未
임금 왕	무리 등		이 시	모든 제	큰 대	무리 중		얻을 득	아닐 미

증	유		환	희	합	장		일	심
曾	有		歡	喜	合	掌		一	心
일찍 증	있을 유		기쁠 환	기쁠 희	합할 합	손바닥 장		한 일	마음 심

그리고 건달바·아수라·가루라·긴나라·마후라가 같이
사람인 듯하면서 아닌 이들과 여러 작은 왕들과
전륜성왕 등 이러한 모든 대중들이
일찍이 없던 희유함을 느끼면서, 환희하여 합장한 채 일심으로

관	불		이	시	여	래		방	미
觀	佛		爾	時	如	來		放	眉
볼관	부처불		그이	때시	같을여	올래		놓을방	눈썹미

간		백	호	상	광		조	동	방
間		白	毫	相	光		照	東	方
사이간		흰백	터럭호	모양상	빛광		비출조	동녘동	방위방

만	팔	천	불	토		미	부	주	변
萬	八	千	佛	土		靡	不	周	遍
일만만	여덟팔	일천천	부처불	흙토		없을미	아닐부	두루주	두루편(변)

여	금	소	견		시	제	불	토	
如	今	所	見		是	諸	佛	土	
같을여	이제금	바소	볼견		이시	모든제	부처불	흙토	

미	륵	당	지		이	시	회	중	
彌	勒	當	知		爾	時	會	中	
두루찰미	굴레륵	마땅히당	알지		그이	때시	모임회	가운데중	

하염없이 부처님을 우러러보았습니다. 그러자 그때 여래께서 두 눈썹 사이로
백호상의 광명을 놓으사 동쪽으로 만 팔천 세계를 두루 비추지 못하는 곳이 없었으니,
마치 지금 보이는 모든 부처님들 세계와 똑같았습니다.
미륵보살이여! 마땅히 잘 들을지니, 그 당시 모임 가운데

유	이	십	억	보	살		낙	욕	청
有	二	十	億	菩	薩		樂	欲	聽
있을유	두이	열십	억억	보리보	보살살		즐길낙	하고자할욕	들을청

법		시	제	보	살		견	차	광
法		是	諸	菩	薩		見	此	光
법법		이시	모든제	보리보	보살살		볼견	이차	빛광

명		보	조	불	토		득	미	증
明		普	照	佛	土		得	未	曾
밝을명		널리보	비출조	부처불	흙토		얻을득	아닐미	일찍증

유		욕	지	차	광		소	위	인
有		欲	知	此	光		所	爲	因
있을유		하고자할욕	알지	이차	빛광		바소	할위	인할인

연		시	유	보	살		명	왈	묘
緣		時	有	菩	薩		名	曰	妙
인연연		때시	있을유	보리보	보살살		이름명	가로왈	묘할묘

이십억의 보살들이 있었습니다. 그들은 법문 듣기를 매우 좋아했습니다.
그 보살들은 광명이 부처님들 세계에 널리 비치는 것을 보고는
일찍이 없던 희유함을 느끼면서, 광명이 비치는 이유를 알고 싶어하였습니다.
당시 한 보살이 있었는데 이름이 묘광보살이었으며,

광		유	팔	백	제	자		시	시
光		有	八	百	弟	子		是	時
빛광		있을유	여덟팔	일백백	아우제	아들자		이시	때시

일	월	등	명	불		종	삼	매	기
日	月	燈	明	佛		從	三	昧	起
해일	달월	등잔등	밝을명	부처불		좇을종	석삼	어두울매	일어날기

인	묘	광	보	살		설	대	승	경
因	妙	光	菩	薩		說	大	乘	經
인할인	묘할묘	빛광	보리보	보살살		말씀설	큰대	탈승	경경

명	묘	법	연	화		교	보	살	법
名	妙	法	蓮	華		敎	菩	薩	法
이름명	묘할묘	법법	연꽃연	꽃화		가르칠교	보리보	보살살	법법

불	소	호	념		육	십	소	겁	
佛	所	護	念		六	十	小	劫	
부처불	바소	보호할호	생각할념		여섯육	열십	작을소	겁겁	

팔백 명의 제자들을 거느리고 있었습니다. 그때 일월등명 부처님께서
삼매에서 일어나 묘광보살로 인하여 대승경을 설하셨으니 바로 묘법연화경이었습니다.
보살들을 가르치는 법으로, 부처님께서 보호하시고 생각하시는 경이었습니다.
일월등명불께서는 육십 소겁 동안을

불	기	우	좌		시	회	청	자	
不	起	于	座		時	會	聽	者	
아닐 불	일어날 기	어조사 우	자리 좌		때 시	모임 회	들을 청	놈 자	

역	좌	일	처		육	십	소	겁	
亦	坐	一	處		六	十	小	劫	
또 역	앉을 좌	한 일	곳 처		여섯 육	열 십	작을 소	겁 겁	

신	심	부	동		청	불	소	설	
身	心	不	動		聽	佛	所	說	
몸 신	마음 심	아닐 부	움직일 동		들을 청	부처 불	바 소	말씀 설	

위	여	식	경		시	시	중	중	
謂	如	食	頃		是	時	衆	中	
이를 위	같을 여	밥 식	잠깐 경		이 시	때 시	무리 중	가운데 중	

무	유	일	인		약	신	약	심	
無	有	一	人		若	身	若	心	
없을 무	있을 유	한 일	사람 인		만약 약	몸 신	만약 약	마음 심	

자리에서 일어나지 않고 법문하셨는데, 당시 그 모임의 청중들도
역시 한 자리에 앉아서 육십 소겁 동안 몸과 마음을 움직이지 않았습니다.
말하자면 부처님의 가르침 듣는 시간을 밥 먹는 순간처럼 짧게 여겨서,
이때 대중 가운데 단 한 사람도 몸이나 마음으로

이	생	해	권		일	월	등	명	불
而	生	懈	惓		日	月	燈	明	佛
말이을이	날생	게으를해	싫증날권		해일	달월	등잔등	밝을명	부처불

어	육	십	소	겁		설	시	경	이
於	六	十	小	劫		說	是	經	已
어조사어	여섯육	열십	작을소	겁겁		말씀설	이시	경경	마칠이

즉	어	범	마		사	문	바	라	문
即	於	梵	魔		沙	門	婆	羅	門
곧즉	어조사어	하늘범	마귀마		모래사	문문	할미 파(바)	새그물라	문문

급	천	인		아	수	라	중	중	
及	天	人		阿	修	羅	衆	中	
및급	하늘천	사람인		언덕아	닦을수	새그물라	무리중	가운데중	

이	선	차	언		여	래		어	금
而	宣	此	言		如	來		於	今
말이을이	베풀선	이차	말씀언		같을여	올래		어조사어	이제금

지루하게 여긴 이가 없었습니다. 일월등명 부처님께서는
육십 소겁 동안 묘법연화경을 다 연설하시고 나자,
곧 범천왕·마왕·사문·바라문·하늘천신·사람·아수라 등
여러 대중들 가운데에서 이렇게 선언하셨습니다. '여래는

일	중	야		당	입	무	여	열	반
日	中	夜		當	入	無	餘	涅	槃
날일	가운데중	밤야		마땅히당	들입	없을무	남을여	개흙열	쟁반반

시	유	보	살		명	왈	덕	장	
時	有	菩	薩		名	曰	德	藏	
때시	있을유	보리보	보살살		이름명	가로왈	덕덕	감출장	

일	월	등	명	불		즉	수	기	기
日	月	燈	明	佛		即	授	其	記
해일	달월	등잔등	밝을명	부처불		곧즉	줄수	그기	기록할기

고	제	비	구		시	덕	장	보	살
告	諸	比	丘		是	德	藏	菩	薩
알릴고	모든제	견줄비	언덕구		이시	덕덕	감출장	보리보	보살살

차	당	작	불		호	왈	정	신	
次	當	作	佛		號	曰	淨	身	
버금차	마땅히당	지을작	부처불		이름호	가로왈	깨끗할정	몸신	

오늘 밤중에 무여열반에 들리라!'
그때에 이름을 덕장이라 부르는 한 보살이 있었는데,
일월등명 부처님께서 그 보살에게 수기를 주시며 모든 비구들에게 말씀하셨습니다.
'이 덕장보살은 다음에 반드시 부처가 되리니, 부처님 이름은 정신

다	타	아	가	도		아	라	하	
多	陀	阿	伽	度		阿	羅	訶	
많을다	비탈질타	언덕아	절가	건널도		언덕아	새그물라	꾸짖을가(하)	

삼	먁	삼	불	타		불	수	기	이
三	藐	三	佛	陀		佛	授	記	已
석삼	아득할막(먁)	석삼	부처불	비탈질타		부처불	줄수	기록할기	마칠이

변	어	중	야		입	무	여	열	반
便	於	中	夜		入	無	餘	涅	槃
문득변	어조사어	가운데중	밤야		들입	없을무	남을여	개흙열	쟁반반

불	멸	도	후		묘	광	보	살	
佛	滅	度	後		妙	光	菩	薩	
부처불	멸할멸	건널도	뒤후		묘할묘	빛광	보리보	보살살	

지	묘	법	연	화	경		만	팔	십
持	妙	法	蓮	華	經		滿	八	十
가질지	묘할묘	법법	연꽃연	꽃화	경경		찰만	여덟팔	열십

다타아가도(여래)·아라하(응공)·삼먁삼불타(정변지)이리라.'
일월등명 부처님께서는 덕장보살에게 수기를 주신 다음
곧 한밤중에 무여열반에 드셨습니다. 부처님께서 열반하신 뒤에
묘광보살은 묘법연화경을 가지고, 팔십 소겁이 다하도록

소	겁		위	인	연	설		일	월
小	劫		爲	人	演	說		日	月
작을 소	겁 겁		위할 위	사람 인	펼 연	말씀 설		해 일	달 월

등	명	불	팔	자		개	사	묘	광
燈	明	佛	八	子		皆	師	妙	光
등잔 등	밝을 명	부처 불	여덟 팔	아들 자		다 개	스승 사	묘할 묘	빛 광

묘	광	교	화		영	기	견	고	
妙	光	敎	化		令	其	堅	固	
묘할 묘	빛 광	가르칠 교	화할 화		하여금 영	그 기	굳을 견	굳을 고	

아	뇩	다	라	삼	먁	삼	보	리	
阿	耨	多	羅	三	藐	三	菩	提	
언덕 아	김맬 누(뇩)	많을 다	새그물 라	석 삼	아득할 막(먁)	석 삼	보리 보	끌 제(리)	

시	제	왕	자		공	양	무	량	
是	諸	王	子		供	養	無	量	
이 시	모든 제	임금 왕	아들 자		이바지할 공	기를 양	없을 무	헤아릴 량	

사람들을 위하여 연설하였습니다. 일월등명 부처님의 여덟 왕자들도
모두 묘광보살을 스승으로 섬겼습니다. 그래서 묘광보살은
그들을 교화하여 아뇩다라삼먁삼보리를 더욱 견고히 닦도록 하였습니다.
그 왕자들은 한량없는

백	천	만	억	불	이		개	성	불
百	千	萬	億	佛	已		皆	成	佛
일백 백	일천 천	일만 만	억 억	부처 불	마칠 이		다 개	이룰 성	부처 불

도		기	최	후	성	불	자		명
道		其	最	後	成	佛	者		名
길 도		그 기	가장 최	뒤 후	이룰 성	부처 불	놈 자		이름 명

왈	연	등		팔	백	제	자	중	
曰	燃	燈		八	百	弟	子	中	
가로 왈	사를 연	등잔 등		여덟 팔	일백 백	아우 제	아들 자	가운데 중	

유	일	인		호	왈	구	명		탐
有	一	人		號	曰	求	名		貪
있을 유	한 일	사람 인		이름 호	가로 왈	구할 구	이름 명		탐할 탐

착	이	양		수	부	독	송	중	경
著	利	養		雖	復	讀	誦	衆	經
잡을 착	이로울 이	기를 양		비록 수	다시 부	읽을 독	외울 송	무리 중	경 경

백천만억의 부처님들께 공양하고 나서 모두 불도를 이루었는데,
그 최후에 성불하신 부처님의 이름이 연등불이셨습니다.
그리고 묘광보살의 제자 팔백 명 가운데 또 한 사람이 있었으니 구명이라 부르는 제자였습니다.
이익과 명예만을 탐내고 집착하여, 비록 여러 경전을 읽고 외우더라도

이	불	통	리		다	소	망	실	
而	不	通	利		多	所	忘	失	
말이을이	아닐불	통할통	통할리		많을다	바소	잊을망	잃을실	

고	호	구	명		시	인		역	이
故	號	求	名		是	人		亦	以
연고고	이름호	구할구	이름명		이시	사람인		또역	써이

종	제	선	근		인	연	고		득
種	諸	善	根		因	緣	故		得
심을종	모든제	착할선	뿌리근		인할인	인연연	연고고		얻을득

치	무	량		백	천	만	억	제	불
値	無	量		百	千	萬	億	諸	佛
만날치	없을무	헤아릴 량		일백백	일천천	일만만	억억	모든제	부처불

공	양	공	경		존	중	찬	탄	
供	養	恭	敬		尊	重	讚	歎	
이바지할공	기를양	공손할공	공경할경		높을존	무거울중	칭찬할찬	찬탄할탄	

뜻을 깨닫지 못하고 금방 잊어버리는 수가 많았습니다.
그래서 명리만 구한다는 뜻으로 '구명'이라 불렸던 것입니다.
그렇지만 그 사람도 또한 여러 가지 선근을 심은 인연이 있었기 때문에 한량없는 백천만억의
여러 부처님들을 만나뵈었고 공양 드렸으며, 공경히 존중하였고 찬탄드릴 수가 있었습니다.

미	륵	당	지		이	시		묘	광
彌	勒	當	知		爾	時		妙	光
두루찰미	굴레륵	마땅히당	알지		그이	때시		묘할묘	빛광

보	살		기	이	인	호		아	신
菩	薩		豈	異	人	乎		我	身
보리보	보살살		어찌기	다를이	사람인	어조사호		나아	몸신

시	야		구	명	보	살		여	신
是	也		求	名	菩	薩		汝	身
이시	어조사야		구할구	이름명	보리보	보살살		너여	몸신

시	야		금	견	차	서		여	본
是	也		今	見	此	瑞		與	本
이시	어조사야		이제금	볼견	이차	상서서		더불어여	근본본

무	이		시	고	유	촌		금	일
無	異		是	故	惟	忖		今	日
없을무	다를이		이시	연고고	생각할유	헤아릴촌		이제금	날일

미륵보살이여! 마땅히 명심할지니, 그때의 묘광보살이 어찌 다른 사람이겠습니까?
바로 내가 그 묘광보살이었으며, 구명보살은 바로 당신이었습니다.
이제 이 상서를 보아하건대 그때와 조금도 다름이 없소이다.
그러므로 헤아려 보건대 오늘

여	래		당	설	대	승	경		명
如	來		當	說	大	乘	經		名
같을여	올래		마땅히당	말씀설	큰대	탈승	경경		이름명

묘	법	연	화		교	보	살	법	
妙	法	蓮	華		敎	菩	薩	法	
묘할묘	법법	연꽃연	꽃화		가르칠교	보리보	보살살	법법	

불	소	호	념		이	시		문	수
佛	所	護	念		爾	時		文	殊
부처불	바소	보호할호	생각할념		그이	때시		글월문	뛰어날수

사	리		어	대	중	중		욕	중
師	利		於	大	衆	中		欲	重
스승사	이로울리		어조사어	큰대	무리중	가운데중		하고자할욕	거듭할중

선	차	의		이	설	게	언		아
宣	此	義		而	說	偈	言		我
베풀선	이차	의미의		말이을이	말씀설	게송게	말씀언		나아

여래께서는 아마 분명히 대승경을 설하실 것입니다.
즉 이름을 묘법연화경이라 부르며 보살들을 가르치는 법으로,
부처님께서 보호하시고 생각하시는 경을 연설하실 것입니다."
그때 문수사리보살은 대중 가운데에서 거듭 의미를 표현하고자 게송으로 말씀하셨다.

념	과	거	세		무	량	무	수	겁
念	過	去	世		無	量	無	數	劫
생각할념	지날과	갈거	세상세		없을무	헤아릴량	없을무	셀수	겁겁

유	불	인	중	존		호	일	월	등
有	佛	人	中	尊		號	日	月	燈
있을유	부처불	사람인	가운데중	높을존		이름호	해일	달월	등잔등

명		세	존	연	설	법		도	무
明		世	尊	演	說	法		度	無
밝을명		세상세	높을존	펼연	말씀설	법법		건널도	없을무

량	중	생		무	수	억	보	살	
量	衆	生		無	數	億	菩	薩	
헤아릴량	무리중	날생		없을무	셀수	억억	보리보	보살살	

영	입	불	지	혜		불	미	출	가
令	入	佛	智	慧		佛	未	出	家
하여금영	들입	부처불	슬기지	지혜혜		부처불	아닐미	날출	집가

내가 생각하건대 지난 과거의 한량없고 헤아릴 수 없는 겁 이전에
인천 가운데 가장 존귀하신 부처님 일월등명불께서 계셨으니,
세존께서 설법하사 한량없는 중생들과 무수억의 보살들을 제도하여
부처님 지혜에 들게 하셨나이다. 그 부처님 출가하시기 전에

시		소	생	팔	왕	자		견	대
時		所	生	八	王	子		見	大
때시		바소	날생	여덟팔	임금왕	아들자		볼견	큰대

성	출	가		역	수	수	범	행	
聖	出	家		亦	隨	修	梵	行	
성인성	날출	집가		또역	따를수	닦을수	깨끗할범	행할행	

시	불	설	대	승		경	명	무	량
時	佛	說	大	乘		經	名	無	量
때시	부처불	말씀설	큰대	탈승		경경	이름명	없을무	헤아릴량

의		어	제	대	중	중		이	위
義		於	諸	大	衆	中		而	爲
의미의		어조사어	모든제	큰대	무리중	가운데중		말이을이	위할위

광	분	별		불	설	차	경	이	
廣	分	別		佛	說	此	經	已	
넓을광	나눌분	나눌별		부처불	말씀설	이차	경경	마칠이	

여덟 명의 왕자를 슬하에 두셨거늘
왕자들도 부왕이신 성자가 출가하실 때 함께 따라서 청정한 범행을 닦았나이다.
당시 일월등명 부처님께서는 여러 대중들 가운데에서
대승 무량의경을 자세히 분별하여 가르치셨는데, 부처님께서 설법을 마치신 다음

즉	어	법	좌	상		가	부	좌	삼
卽	於	法	座	上		跏	趺	坐	三
곧즉	어조사어	법법	자리좌	위상		책상다리가	책상다리부	앉을좌	석삼

매		명	무	량	의	처		천	우
昧		名	無	量	義	處		天	雨
어두울매		이름명	없을무	헤아릴량	의미의	곳처		하늘천	비우

만	다	화		천	고	자	연	명	
曼	陀	華		天	鼓	自	然	鳴	
아름다울만	비탈질타(다)	꽃화		하늘천	북고	스스로자	그러할연	울명	

제	천	룡	귀	신		공	양	인	중
諸	天	龍	鬼	神		供	養	人	中
모든제	하늘천	용룡	귀신귀	귀신신		이바지할공	기를양	사람인	가운데중

존		일	체	제	불	토		즉	시
尊		一	切	諸	佛	土		卽	時
높을존		한일	모두체	모든제	부처불	흙토		곧즉	때시

곧 법좌 위에서 가부좌한 채 삼매에 드셨으니 바로 무량의처삼매였나이다.
하늘에서는 만다라꽃이 꽃비 되어 날리고 하늘북도 저절로 두둥둥~ 울리며
모든 하늘천신과 용·귀신들이 인천 가운데 가장 존귀한 부처님께 공양 올렸나이다.
모든 부처님들의 세계도 바로 그때

대	진	동		불	방	미	간	광	
大	震	動		佛	放	眉	間	光	
큰 대	진동할 진	움직일 동		부처 불	놓을 방	눈썹 미	사이 간	빛 광	

현	제	희	유	사		차	광	조	동
現	諸	希	有	事		此	光	照	東
나타날 현	모든 제	드물 희	있을 유	일 사		이 차	빛 광	비출 조	동녘 동

방		만	팔	천	불	토		시	일
方		萬	八	千	佛	土		示	一
방위 방		일만 만	여덟 팔	일천 천	부처 불	흙 토		보일 시	한 일

체	중	생		생	사	업	보	처	
切	衆	生		生	死	業	報	處	
모두 체	무리 중	날 생		날 생	죽을 사	업 업	갚을 보	곳 처	

유	견	제	불	토		이	중	보	장
有	見	諸	佛	土		以	衆	寶	莊
있을 유	볼 견	모든 제	부처 불	흙 토		써 이	무리 중	보배 보	꾸밀 장

크게 진동하며 움직였고 일월등명불께서 두 눈썹 사이로 광명을 비추사
온갖 희유한 일들이 나타나게 되었거늘, 그 광명이 동방으로 만 팔천 세계의 국토를 비추자
일체 중생들의 나고 죽는 업보처가 다 보였으며,
또 모든 부처님들 세계가 온갖 보배로 장엄되어

엄		유	리	파	려	색		사	유
嚴		琉	璃	玻	瓈	色		斯	由
엄할 엄		유리 유	유리 리	파려옥 파	파려옥 려	빛 색		이 사	말미암을 유

불	광	조		급	견	제	천	인	
佛	光	照		及	見	諸	天	人	
부처 불	빛 광	비출 조		및 급	볼 견	모든 제	하늘 천	사람 인	

용	신	야	차	중		건	달	긴	나
龍	神	夜	叉	衆		乾	闥	緊	那
용 용	귀신 신	밤 야	깍지낄 차	무리 중		하늘 건	대궐문 달	긴할 긴	어찌 나

라		각	공	양	기	불		우	견
羅		各	供	養	其	佛		又	見
새그물 라		각각 각	이바지할 공	기를 양	그 기	부처 불		또 우	볼 견

제	여	래		자	연	성	불	도	
諸	如	來		自	然	成	佛	道	
모든 제	같을 여	올 래		스스로 자	그러할 연	이룰 성	부처 불	길 도	

유리와 파려색으로 보였으니 이는 부처님 광명이 비쳤기 때문입니다.
그리고 모든 하늘천신과 사람들 용과 귀신·야차 무리 건달바와 긴나라들이
저마다 자기 나라 부처님들께 공양 올리는 것이 보였으며,
또 모든 여래께서 자연히 불도 이루시는 광경이 보이거늘

신	색	여	금	산		단	엄	심	미
身	色	如	金	山		端	嚴	甚	微
몸신	빛색	같을여	쇠금	뫼산		단정할단	엄할엄	심할심	작을미

묘		여	정	유	리	중		내	현
妙		如	淨	琉	璃	中		內	現
묘할묘		같을여	깨끗할정	유리유	유리리	가운데중		안내	나타날현

진	금	상		세	존	재	대	중	
眞	金	像		世	尊	在	大	衆	
참진	쇠금	형상상		세상세	높을존	있을재	큰대	무리중	

부	연	심	법	의		일	일	제	불
敷	演	深	法	義		一	一	諸	佛
펼부	펼연	깊을심	법법	의미의		한일	한일	모든제	부처불

토		성	문	중	무	수		인	불
土		聲	聞	衆	無	數		因	佛
흙토		소리성	들을문	무리중	없을무	셀수		인할인	부처불

부처님 몸 황금산처럼 단엄하고 매우 아름다워
마치 깨끗한 유리 속에 안으로 진짜 황금상을 나투신 듯하건만
그러한 세존께서 대중 속에 계시며 심오한 법의 뜻을 설명하여 가르치셨나이다.
각각 모든 부처님들 세계마다 성문대중들이 수없이 많아도 보지 못하다가

광	소	조		실	견	피	대	중	
光	所	照		悉	見	彼	大	衆	
빛광	바소	비출조		다실	볼견	저피	큰대	무리중	

혹	유	제	비	구		재	어	산	림
或	有	諸	比	丘		在	於	山	林
혹혹	있을유	모든제	견줄비	언덕구		있을재	어조사어	뫼산	수풀림

중		정	진	지	정	계		유	여
中		精	進	持	淨	戒		猶	如
가운데중		정미할정	나아갈진	가질지	깨끗할정	지킬계		같을유	같을여

호	명	주		우	견	제	보	살	
護	明	珠		又	見	諸	菩	薩	
보호할호	밝을명	구슬주		또우	볼견	모든제	보리보	보살살	

행	시	인	욕	등		기	수	여	항
行	施	忍	辱	等		其	數	如	恒
행할행	베풀시	참을인	욕될욕	무리등		그기	셀수	같을여	항상항

부처님 광명이 비치는 바람에 저 많은 대중들을 모두 보게 되었나니,
그래서 혹 어떤 비구들은 산림 속에 머물며 정진하되 청정한 계율 지니기를
마치 밝은 구슬 보호하듯이 잘 지키고, 또 여러 보살들이
보시와 인욕 등을 닦는데 그 수효 항하의 모래알처럼 많음을 보나니

사		사	유	불	광	조		우	견
沙		斯	由	佛	光	照		又	見
모래사		이사	말미암을유	부처불	빛광	비출조		또우	볼견

제	보	살		심	입	제	선	정	
諸	菩	薩		深	入	諸	禪	定	
모든제	보리보	보살살		깊을심	들입	모든제	고요할선	선정정	

신	심	적	부	동		이	구	무	상
身	心	寂	不	動		以	求	無	上
몸신	마음심	고요할적	아닐부	움직일동		써이	구할구	없을무	위상

도		우	견	제	보	살		지	법
道		又	見	諸	菩	薩		知	法
길도		또우	볼견	모든제	보리보	보살살		알지	법법

적	멸	상		각	어	기	국	토	
寂	滅	相		各	於	其	國	土	
고요할적	멸할멸	모양상		각각각	어조사어	그기	나라국	흙토	

이는 모두 부처님 광명이 비쳤기 때문입니다. 또 여러 보살들이
온갖 선정에 깊이 들어 몸도 마음도 고요히 움직이지 않은 채
위없이 높은 진리를 구하고, 또 여러 보살들
법이 본래 적멸한 모양임을 알아서 제각기 자기 나라 국토에서

설	법	구	불	도		이	시	사	부
說	法	求	佛	道		爾	時	四	部
말씀설	법법	구할구	부처불	길도		그이	때시	넉사	나눌부

중		견	일	월	등	불		현	대
衆		見	日	月	燈	佛		現	大
무리중		볼견	해일	달월	등잔등	부처불		나타날현	큰대

신	통	력		기	심	개	환	희	
神	通	力		其	心	皆	歡	喜	
신통할신	통할통	힘력		그기	마음심	다개	기쁠환	기쁠희	

각	각	자	상	문		시	사	하	인
各	各	自	相	問		是	事	何	因
각각각	각각각	스스로자	서로상	물을문		이시	일사	어찌하	인할인

연		천	인	소	봉	존		적	종
緣		天	人	所	奉	尊		適	從
인연연		하늘천	사람인	바소	받들봉	높을존		마침적	좇을종

설법하며 불도 구하는 것이 보였나이다. 그때 사부대중들
일월등명 부처님께서 큰 신통력 나투심을 보고 마음이 모두 환희하여,
각각 서로 묻기를 '이 일이 어떻게 된 일인고?'
천상과 인간의 공경을 받는 세존께옵서

삼	매	기		찬	묘	광	보	살	
三	昧	起		讚	妙	光	菩	薩	
석삼	어두울매	일어날기		칭찬할찬	묘할묘	빛광	보리보	보살살	

여	위	세	간	안		일	체	소	귀
汝	爲	世	間	眼		一	切	所	歸
너여	할위	세상세	사이간	눈안		한일	모두체	바소	돌아갈귀

신		능	봉	지	법	장		여	아
信		能	奉	持	法	藏		如	我
믿을신		능할능	받들봉	가질지	법법	곳간장		같을여	나아

소	설	법		유	여	능	증	지	
所	說	法		唯	汝	能	證	知	
바소	말씀설	법법		오직유	너여	능할능	증득할증	알지	

세	존	기	찬	탄		영	묘	광	환
世	尊	旣	讚	歎		令	妙	光	歡
세상세	높을존	이미기	칭찬할찬	찬탄할탄		하여금영	묘할묘	빛광	기쁠환

마침내 삼매에서 나와 묘광보살을 칭찬하시되,
'그대는 세간의 눈이 되어 모든 중생들이 믿고 의지하리라. 능히 법장을
받들어 지니리니, 내가 설한 법문을 오직 그대만이 증득하여 알리라.'
세존께서 묘광보살을 칭찬하여 즐겁게 하시며

희		설	시	법	화	경		만	육
喜		說	是	法	華	經		滿	六
기쁠 희		말씀 설	이 시	법 법	꽃 화	경 경		찰 만	여섯 육

십	소	겁		불	기	어	차	좌	
十	小	劫		不	起	於	此	座	
열 십	작을 소	겁 겁		아닐 불	일어날 기	어조사 어	이 차	자리 좌	

소	설	상	묘	법		시	묘	광	법
所	說	上	妙	法		是	妙	光	法
바 소	말씀 설	위 상	묘할 묘	법 법		이 시	묘할 묘	빛 광	법 법

사		실	개	능	수	지		불	설
師		悉	皆	能	受	持		佛	說
스승 사		다 실	다 개	능할 능	받을 수	가질 지		부처 불	말씀 설

시	법	화		영	중	환	희	이	
是	法	華		令	衆	歡	喜	已	
이 시	법 법	꽃 화		하여금 영	무리 중	기쁠 환	기쁠 희	마칠 이	

육십 소겁을 움직이지 않고 이 법화경을 설하시자,
세존께서 가르치셨던 으뜸가는 미묘한 법을
묘광 법사가 다 능히 받아 간직하였나이다.
부처님께서 이 법화경 설하사 대중들을 환희롭게 하신

심	즉	어	시	일		고	어	천	인
尋	即	於	是	日		告	於	天	人
곧심	곧즉	어조사어	이시	날일		알릴고	어조사어	하늘천	사람인

중		제	법	실	상	의		이	위
衆		諸	法	實	相	義		已	爲
무리중		모든제	법법	진실실	모양상	의미의		이미이	위할위

여	등	설		아	금	어	중	야	
汝	等	說		我	今	於	中	夜	
너여	무리등	말씀설		나아	이제금	어조사어	가운데중	밤야	

당	입	어	열	반		여	일	심	정
當	入	於	涅	槃		汝	一	心	精
마땅히당	들입	어조사어	개흙열	쟁반반		너여	한일	마음심	정미할정

진		당	리	어	방	일		제	불
進		當	離	於	放	逸		諸	佛
나아갈진		마땅히당	떠날리	어조사어	놓을방	놓을일		모든제	부처불

바로 그날 하늘천신과 사람들에게 이르시기를,
'모든 법의 참다운 뜻에 대해서 이미 너희들을 위해 다 설하였으니,
나는 이제 오늘 밤중에 마땅히 열반에 들리라.
너희들은 일심으로 정진하며 마땅히 방일하지 말지니, 모든 부처님은

심	난	치		억	겁	시	일	우	
甚	難	値		億	劫	時	一	遇	
심할 심	어려울 난	만날 치		억 억	겁 겁	때 시	한 일	만날 우	

세	존	제	자	등		문	불	입	열
世	尊	諸	子	等		聞	佛	入	涅
세상 세	높을 존	모든 제	아들 자	무리 등		들을 문	부처 불	들 입	개흙 열

반		각	각	회	비	뇌		불	멸
槃		各	各	懷	悲	惱		佛	滅
쟁반 반		각각 각	각각 각	품을 회	슬플 비	괴로워할 뇌		부처 불	멸할 멸

일	하	속		성	주	법	지	왕	
一	何	速		聖	主	法	之	王	
한 일	어찌 하	빠를 속		성인 성	주인 주	법 법	어조사 지	임금 왕	

안	위	무	량	중		아	약	멸	도
安	慰	無	量	衆		我	若	滅	度
편안할 안	위로할 위	없을 무	헤아릴 량	무리 중		나 아	만약 약	멸할 멸	건널 도

심히 만나기 어려워서 억겁에나 한 번 만날 수 있느니라.'
세존의 모든 제자들 부처님께서 열반에 드신다는 소리 듣고
저마다 슬픔과 회한에 잠겨 '부처님 열반이 어찌 이리도 빠른고?'
성스러운 법왕께서 한량없는 대중들을 편히 위로하시되, '내가 만일 열반하더라도

시		여	등	물	우	포		시	덕
時		汝	等	勿	憂	怖		是	德
때 시		너 여	무리 등	말 물	근심할 우	두려워할 포		이 시	덕 덕

장	보	살		어	무	루	실	상	
藏	菩	薩		於	無	漏	實	相	
감출 장	보리 보	보살 살		어조사 어	없을 무	샐 루	진실 실	모양 상	

심	이	득	통	달		기	차	당	작
心	已	得	通	達		其	次	當	作
마음 심	이미 이	얻을 득	통할 통	통달할 달		그 기	버금 차	마땅히 당	지을 작

불		호	왈	위	정	신		역	도
佛		號	曰	爲	淨	身		亦	度
부처 불		이름 호	가로 왈	할 위	깨끗할 정	몸 신		또 역	건널 도

무	량	중		불	차	야	멸	도	
無	量	衆		佛	此	夜	滅	度	
없을 무	헤아릴 량	무리 중		부처 불	이 차	밤 야	멸할 멸	건널 도	

너희들은 근심하지 말라. 이 덕장보살은 무루의 실상에 대해
마음속 깊이 통달했으니 다음에 꼭 성불하리라.
그 부처님 이름은 정신불이며 한량없는 중생들을 제도하리라.'
부처님께서 그날 밤에 열반하시거늘

여	신	진	화	멸		분	포	제	사
如	薪	盡	火	滅		分	布	諸	舍
같을여	섶나무신	다할진	불화	멸할멸		나눌분	베풀포	모든제	집사

리		이	기	무	량	탑		비	구
利		而	起	無	量	塔		比	丘
이로울리		말이을이	일어날기	없을무	헤아릴량	탑탑		견줄비	언덕구

비	구	니		기	수	여	항	사	
比	丘	尼		其	數	如	恒	沙	
견줄비	언덕구	여승니		그기	셀수	같을여	항상항	모래사	

배	부	가	정	진		이	구	무	상
倍	復	加	精	進		以	求	無	上
곱배	다시부	더할가	정미할정	나아갈진		써이	구할구	없을무	위상

도		시	묘	광	법	사		봉	지
道		是	妙	光	法	師		奉	持
길도		이시	묘할묘	빛광	법법	스승사		받들봉	가질지

나무가 다 타자 불도 자연 꺼지는 것과 같았나이다.
부처님의 모든 사리를 나누어서 한량없는 탑을 세웠고,
항하의 모래알처럼 많은 비구와 비구니들은 몇 배로 다시 용맹스럽게
정진하여 위없이 높은 진리 구하였나이다. 묘광 법사는

불	법	장		팔	십	소	겁	중	
佛	法	藏		八	十	小	劫	中	
부처 불	법 법	곳간 장		여덟 팔	열 십	작을 소	겁 겁	가운데 중	

광	선	법	화	경		시	제	팔	왕
廣	宣	法	華	經		是	諸	八	王
넓을 광	베풀 선	법 법	꽃 화	경 경		이 시	모든 제	여덟 팔	임금 왕

자		묘	광	소	개	화		견	고
子		妙	光	所	開	化		堅	固
아들 자		묘할 묘	빛 광	바 소	열 개	화할 화		굳을 견	굳을 고

무	상	도		당	견	무	수	불	
無	上	道		當	見	無	數	佛	
없을 무	위 상	길 도		마땅히 당	볼 견	없을 무	셀 수	부처 불	

공	양	제	불	이		수	순	행	대
供	養	諸	佛	已		隨	順	行	大
이바지할 공	기를 양	모든 제	부처 불	마칠 이		따를 수	순할 순	행할 행	큰 대

부처님 법장을 받들어 가지고 팔십 소겁 동안 널리 법화경을 펼쳤으며,
여덟 명의 왕자들도 묘광 법사의 교화를 받아 위없이 높은 진리를
더욱 견고히 닦으매 헤아릴 수 없는 부처님들을 친견하였고,
모든 부처님들께 공양 올린 뒤 큰 가르침에 수순하여 닦아서

도		상	계	득	성	불		전	차
道		相	繼	得	成	佛		轉	次
길도		서로상	이을계	얻을득	이룰성	부처불		구를전	버금차

이	수	기		최	후	천	중	천	
而	授	記		最	後	天	中	天	
말이을이	줄수	기록할기		가장최	뒤후	하늘천	가운데중	하늘천	

호	왈	연	등	불		제	선	지	도
號	曰	燃	燈	佛		諸	仙	之	導
이름호	가로왈	불사를연	등잔등	부처불		모든제	신선선	어조사지	이끌도

사		도	탈	무	량	중		시	묘
師		度	脫	無	量	衆		是	妙
스승사		건널도	벗을탈	없을무	헤아릴량	무리중		이시	묘할묘

광	법	사		시	유	일	제	자	
光	法	師		時	有	一	弟	子	
빛광	법법	스승사		때시	있을유	한일	아우제	아들자	

서로 잇달아 성불하고 차례로 수기 주시니,
맨 끝으로 하늘님 중 가장 높은 하늘님 되신 그 부처님 이름은
연등불로 뭇 선인들 인도하시는 스승으로서 한량없는 중생들
제도하여 해탈케 하셨나이다. 그 묘광 법사에게 당시 한 제자가 있었는데

심	상	회	해	태		탐	착	어	명
心	常	懷	懈	怠		貪	著	於	名
마음심	항상상	품을회	게으를해	게으를태		탐할탐	잡을착	어조사어	이름명

리		구	명	리	무	염		다	유
利		求	名	利	無	厭		多	遊
이로울리		구할구	이름명	이로울리	없을무	싫을염		많을다	놀유

족	성	가		기	사	소	습	송	
族	姓	家		棄	捨	所	習	誦	
겨레족	성성	집가		버릴기	버릴사	바소	익힐습	외울송	

폐	망	불	통	리		이	시	인	연
廢	忘	不	通	利		以	是	因	緣
폐할폐	잊을망	아닐불	통할통	통할리		써이	이시	인할인	인연연

고		호	지	위	구	명		역	행
故		號	之	爲	求	名		亦	行
연고고		이름호	어조사지	할위	구할구	이름명		또역	행할행

마음이 항상 게으르고 명예와 이익만을 탐닉하였나이다.
끝없이 명리만을 좇아 자제할 줄 모르고 명문 귀족집에나 드나들기 일쑤여서
경전 배우고 외우기를 등한시하매 배운 것도 몽땅 잊고 뜻도 알아차리지 못했나니,
이러한 인연 때문에 구명이라 부르긴 했지만

중	선	업		득	견	무	수	불	
衆	善	業		得	見	無	數	佛	
무리 중	착할 선	업 업		얻을 득	볼 견	없을 무	셀 수	부처 불	

공	양	어	제	불		수	순	행	대
供	養	於	諸	佛		隨	順	行	大
이바지할 공	기를 양	어조사 어	모든 제	부처 불		따를 수	순할 순	행할 행	큰 대

도		구	육	바	라	밀		금	견
道		具	六	波	羅	蜜		今	見
길 도		갖출 구	여섯 육	물결 파(바)	새그물 라	꿀 밀		이제 금	볼 견

석	사	자		기	후	당	작	불	
釋	師	子		其	後	當	作	佛	
풀 석	스승 사	아들 자		그 기	뒤 후	마땅히 당	지을 작	부처 불	

호	명	왈	미	륵		광	도	제	중
號	名	曰	彌	勒		廣	度	諸	衆
이름 호	이름 명	가로 왈	두루찰 미	굴레 륵		넓을 광	건널 도	모든 제	무리 중

그래도 여러 가지 착한 업을 닦아서 헤아릴 수 없이 많은 부처님들을 친견하였고,
모든 부처님들께 공양 올렸으며 큰 가르침에 수순하여 닦아
육바라밀을 고루 갖추더니 이제 석가세존 친견하여 수기를 받되,
'나중에 마땅히 성불하여 이름을 미륵불이라 하고 널리 모든 중생들을 제도하리니

생		기	수	무	유	량		피	불
生		其	數	無	有	量		彼	佛
날생		그기	셀수	없을무	있을유	헤아릴 량		저피	부처불

멸	도	후		해	태	자	여	시	
滅	度	後		懈	怠	者	汝	是	
멸할멸	건널도	뒤후		게으를해	게으를태	놈자	너여	이시	

묘	광	법	사	자		금	즉	아	신
妙	光	法	師	者		今	則	我	身
묘할묘	빛광	법법	스승사	놈자		이제금	곧즉	나아	몸신

시		아	견	등	명	불		본	광
是		我	見	燈	明	佛		本	光
이시		나아	볼견	등잔등	밝을명	부처불		근본본	빛광

서	여	차		이	시	지	금	불	
瑞	如	此		以	是	知	今	佛	
상서서	같을여	이차		써이	이시	알지	이제금	부처불	

그 수효가 다함이 없으리라.'
저 일월등명불께서 열반하신 후에 게으름 피웠던 구명스님은 바로 그대였고,
묘광 법사는 바로 나의 옛 전생 몸이었습니다. 내가 보았던 일월등명불의 상서가
지금 나타나는 상서와 똑같으니, 이로써 석가모니 부처님께서도

욕	설	법	화	경		금	상	여	본
欲	說	法	華	經		今	相	如	本
하고자할 욕	말씀 설	법 법	꽃 화	경 경		이제 금	모양 상	같을 여	근본 본

서		시	제	불	방	편		금	불
瑞		是	諸	佛	方	便		今	佛
상서 서		이 시	모든 제	부처 불	처방 방	편할 편		이제 금	부처 불

방	광	명		조	발	실	상	의	
放	光	明		助	發	實	相	義	
놓을 방	빛 광	밝을 명		도울 조	필 발	진실 실	모양 상	의미 의	

제	인	금	당	지		합	장	일	심
諸	人	今	當	知		合	掌	一	心
모든 제	사람 인	이제 금	마땅히 당	알 지		합할 합	손바닥 장	한 일	마음 심

대		불	당	우	법	우		충	족
待		佛	當	雨	法	雨		充	足
기다릴 대		부처 불	마땅히 당	비 우	법 법	비 우		찰 충	족할 족

법화경을 설하시려고 하시는 줄 알겠나이다. 지금의 모양이 그때의 상서와 같은 것은
곧 모든 부처님들의 방편으로, 지금 석가모니불께서도 광명을 비추시어
실상의 뜻을 밝히는 데 도움 되게 하시려는 것입니다. 대중들은 이제 곧 알게 되리니
합장하고 일심으로 기다리면 부처님께서 분명히 법비를 내리시어

구	도	자		제	구	삼	승	인	
求	道	者		諸	求	三	乘	人	
구할 구	길 도	놈 자		모든 제	구할 구	석 삼	탈 승	사람 인	

약	유	의	회	자		불	당	위	제
若	有	疑	悔	者		佛	當	爲	除
만약 약	있을 유	의심할 의	뉘우칠 회	놈 자		부처 불	마땅히 당	위할 위	제할 제

단		영	진	무	유	여			
斷		令	盡	無	有	餘			
끊을 단		하여금 영	다할 진	없을 무	있을 유	남을 여			

도를 구하는 자들을 충족시켜 주시리다.
그래서 삼승을 구하는 많은 사람들이 설사 의심을 하더라도
부처님께서 분명 남김없이 다 끊도록 해주실 것입니다.

제	이		방	편	품				
第	二		方	便	品				
차례 제	두 이		처방 방	편할 편	가지 품				

이	시	세	존		종	삼	매		안
爾	時	世	尊		從	三	昧		安
그 이	때 시	세상 세	높을 존		좇을 종	석 삼	어두울 매		편안할 안

상	이	기		고	사	리	불		제
詳	而	起		告	舍	利	弗		諸
자세할 상	말 이을 이	일어날 기		알릴 고	집 사	이로울 리	아닐 불		모든 제

불	지	혜		심	심	무	량		기
佛	智	慧		甚	深	無	量		其
부처 불	슬기 지	지혜 혜		심할 심	깊을 심	없을 무	헤아릴 량		그 기

지	혜	문		난	해	난	입		일
智	慧	門		難	解	難	入		一
슬기 지	지혜 혜	문 문		어려울 난	풀 해	어려울 난	들 입		한 일

제2 방편품

그때 세존께서 삼매에서 조용히 일어나시어 사리불에게 이르시었다.
"모든 부처님 지혜는 깊고도 한량없느니라.
그 지혜의 문은 이해하기도 어렵고 들어가기도 어려워서,

체	성	문		벽	지	불		소	불
切	聲	聞		辟	支	佛		所	不
모두 체	소리 성	들을 문		임금 벽	지탱할 지	부처 불		바 소	아닐 불

능	지		소	이	자	하		불	증
能	知		所	以	者	何		佛	曾
능할 능	알 지		바 소	써 이	놈 자	어찌 하		부처 불	일찍 증

친	근		백	천	만	억		무	수
親	近		百	千	萬	億		無	數
친할 친	가까울 근		일백 백	일천 천	일만 만	억 억		없을 무	셀 수

제	불		진	행	제	불		무	량
諸	佛		盡	行	諸	佛		無	量
모든 제	부처 불		다할 진	행할 행	모든 제	부처 불		없을 무	헤아릴 량

도	법		용	맹	정	진		명	칭
道	法		勇	猛	精	進		名	稱
길 도	법 법		날쌜 용	날랠 맹	정미할 정	나아갈 진		이름 명	일컬을 칭

일체 성문이나 벽지불의 지혜로는 알 수 없느니라. 왜냐하면 부처님은
일찍이 백천만억의 헤아릴 수 없이 많은 부처님들을 가까이 모셨고,
모든 부처님들의 한량없는 수행법도 전부 닦았기 때문이니라.
게다가 명성이 널리 알려질 정도로 용맹 정진하여,

보	문		성	취	심	심		미	증
普	聞		成	就	甚	深		未	曾
널리 보	들을 문		이룰 성	이룰 취	심할 심	깊을 심		아닐 미	일찍 증

유	법		수	의	소	설		의	취
有	法		隨	宜	所	說		意	趣
있을 유	법 법		따를 수	마땅할 의	바 소	말씀 설		뜻 의	뜻 취

난	해		사	리	불		오	종	성
難	解		舍	利	弗		吾	從	成
어려울 난	풀 해		집 사	이로울 리	아닐 불		나 오	좇을 종	이룰 성

불	이	래		종	종	인	연		종
佛	已	來		種	種	因	緣		種
부처 불	이미 이	올 래		종류 종	종류 종	인할 인	인연 연		종류 종

종	비	유		광	연	언	교		무
種	譬	喩		廣	演	言	教		無
종류 종	비유할 비	비유할 유		넓을 광	펼 연	말씀 언	가르침 교		없을 무

매우 심오하며 일찍이 없던 희유한 법조차 성취하였느니라.
그 어려운 법을 중생들 근기에 맞게 설하자니,
그 속에 담긴 진정한 뜻은 사실 좀처럼 알기 어려운 것이니라. 사리불아!
내가 성불한 이후에 여러 가지 인연과 여러 가지 비유로 널리 가르침을 펴면서,

수	방	편		인	도	중	생		영
數	方	便		引	導	衆	生		令
셀 수	처방 방	편할 편		끌 인	이끌 도	무리 중	날 생		하여금 영

리	제	착		소	이	자	하		여
離	諸	著		所	以	者	何		如
떠날 리	모든 제	잡을 착		바 소	써 이	놈 자	어찌 하		같을 여

래		방	편	지	견	바	라	밀	
來		方	便	知	見	波	羅	蜜	
올 래		처방 방	편할 편	알 지	볼 견	물결 파(바)	새그물 라	꿀 밀	

개	이	구	족		사	리	불		여
皆	已	具	足		舍	利	弗		如
다 개	이미 이	갖출 구	족할 족		집 사	이로울 리	아닐 불		같을 여

래	지	견		광	대	심	원		무
來	知	見		廣	大	深	遠		無
올 래	알 지	볼 견		넓을 광	큰 대	깊을 심	멀 원		없을 무

헤아릴 수 없는 방편으로 중생들을 인도하여 모든 집착을 여의게 하였느니라.
어떻게 그럴 수 있었는가 하면,
여래는 방편과 지혜 바라밀을 이미 다 갖추었기 때문이니라.
사리불아! 여래의 지혜는 광대하고 심원해서

량	무	애		역	무	소	외		선
量	無	礙		力	無	所	畏		禪
헤아릴 량	없을 무	거리낄 애		힘 역	없을 무	바 소	두려워할 외		고요할 선

정	해	탈	삼	매		심	입	무	제
定	解	脫	三	昧		深	入	無	際
선정 정	풀 해	벗을 탈	석 삼	어두울 매		깊을 심	들 입	없을 무	가 제

성	취	일	체		미	증	유	법	
成	就	一	切		未	曾	有	法	
이룰 성	이룰 취	한 일	모두 체		아닐 미	일찍 증	있을 유	법 법	

사	리	불		여	래		능	종	종
舍	利	弗		如	來		能	種	種
집 사	이로울 리	아닐 불		같을 여	올 래		능할 능	종류 종	종류 종

분	별		교	설	제	법		언	사
分	別		巧	說	諸	法		言	辭
나눌 분	나눌 별		공교할 교	말씀 설	모든 제	법 법		말씀 언	말 사

사무량심과 사무애와 십력과 사무소외, 그리고 네 가지 선정과
여덟 가지 해탈과 뭇 삼매에 끝없이 깊이 들어가
일찍이 없던 희유한 법들을 모두 성취하였느니라. 사리불아!
여래는 능히 여러 가지로 분별하여 모든 법을 훌륭하게 연설하되,

유	연		열	가	중	심		사	리
柔	軟		悅	可	衆	心		舍	利
부드러울 유	연할 연		기쁠 열	가히 가	무리 중	마음 심		집 사	이로울 리

불		취	요	언	지		무	량	무
弗		取	要	言	之		無	量	無
아닐 불		취할 취	중요할 요	말씀 언	어조사 지		없을 무	헤아릴 량	없을 무

변		미	증	유	법		불	실	성
邊		未	曾	有	法		佛	悉	成
가 변		아닐 미	일찍 증	있을 유	법 법		부처 불	다 실	이룰 성

취		지		사	리	불		불	수
就		止		舍	利	弗		不	須
이룰 취		그칠 지		집 사	이로울 리	아닐 불		아닐 불	필요할 수

부	설		소	이	자	하		불	소
復	說		所	以	者	何		佛	所
다시 부	말씀 설		바 소	써 이	놈 자	어찌 하		부처 불	바 소

부드러운 말투로 중생들의 마음을 즐겁게 하느니라. 사리불아,
요약하여 말하자면 일찍이 없던 헤아릴 수 없이 가없는 희유한 법들조차
부처님은 다 성취하였느니라. 그만두어라, 사리불아!
다시 더 말할 필요가 없느니라. 왜냐하면 부처님이

성	취		제	일	희	유		난	해
成	就		第	一	希	有		難	解
이룰 성	이룰 취		차례 제	한 일	드물 희	있을 유		어려울 난	풀 해

지	법		유	불	여	불		내	능
之	法		唯	佛	與	佛		乃	能
어조사 지	법 법		오직 유	부처 불	더불어 여	부처 불		이에 내	능할 능

구	진		제	법	실	상		소	위
究	盡		諸	法	實	相		所	謂
궁구할 구	다할 진		모든 제	법 법	진실 실	모양 상		바 소	이를 위

제	법		여	시	상		여	시	성
諸	法		如	是	相		如	是	性
모든 제	법 법		같을 여	이 시	모양 상		같을 여	이 시	성품 성

여	시	체		여	시	력		여	시
如	是	體		如	是	力		如	是
같을 여	이 시	몸 체		같을 여	이 시	힘 력		같을 여	이 시

성취한 진리는 가장 희유하여 알기 어려운 법이기 때문이니라.
그래서 오직 부처님과 부처님만이
모든 법의 실상을 다 깨달아 알 수 있느니라.
즉 모든 법은 그에 합당한 모양·성품·본질·능력·

작		여	시	인		여	시	연	
作		如	是	因		如	是	緣	
지을 작		같을 여	이 시	인할 인		같을 여	이 시	인연 연	

여	시	과		여	시	보		여	시
如	是	果		如	是	報		如	是
같을 여	이 시	실과 과		같을 여	이 시	갚을 보		같을 여	이 시

본	말	구	경	등		이	시	세	존
本	末	究	竟	等		爾	時	世	尊
근본 본	끝 말	궁구할 구	다할 경	같을 등		그 이	때 시	세상 세	높을 존

욕	중	선	차	의		이	설	게	언
欲	重	宣	此	義		而	說	偈	言
하고자할 욕	거듭할 중	베풀 선	이 차	의미 의		말 이을 이	말씀 설	게송 게	말씀 언

세	웅	불	가	량		제	천	급	세
世	雄	不	可	量		諸	天	及	世
세상 세	뛰어날 웅	아닐 불	가히 가	헤아릴 량		모든 제	하늘 천	및 급	세상 세

작용·원인·조건·결과·과보·본말구경등의 특징을 갖추고 있는 것을
오직 여래만이 바로 알 수 있느니라."
그때 세존께서 거듭 의미를 표현하시고자 게송으로 말씀하셨다.
세상의 으뜸이신 부처님 가늠할 길 없나니 모든 하늘천신이나 세상 사람들

인		일	체	중	생	류		무	능
人		一	切	衆	生	類		無	能
사람 인		한 일	모두 체	무리 중	날 생	무리 류		없을 무	능할 능

지	불	자		불	력	무	소	외	
知	佛	者		佛	力	無	所	畏	
알 지	부처 불	놈 자		부처 불	힘 력	없을 무	바 소	두려워할 외	

해	탈	제	삼	매		급	불	제	여
解	脫	諸	三	昧		及	佛	諸	餘
풀 해	벗을 탈	모든 제	석 삼	어두울 매		및 급	부처 불	모든 제	남을 여

법		무	능	측	량	자		본	종
法		無	能	測	量	者		本	從
법 법		없을 무	능할 능	잴 측	헤아릴 량	놈 자		근본 본	좇을 종

무	수	불		구	족	행	제	도	
無	數	佛		具	足	行	諸	道	
없을 무	셀 수	부처 불		갖출 구	족할 족	행할 행	모든 제	길 도	

일체 온갖 중생 무리 가운데에 부처님을 알 수 있는 자 아무도 없도다.
곧 부처님의 십력과 사무소외 팔해탈과 모든 삼매,
부처님의 다른 여러 가지 법에 대해 능히 헤아릴 수 있는 자 아무도 없도다.
본래 무수한 부처님으로부터 갖은 수행 원만히 닦아 이룬

심	심	미	묘	법		난	견	난	가
甚	深	微	妙	法		難	見	難	可
심할 심	깊을 심	작을 미	묘할 묘	법 법		어려울 난	볼 견	어려울 난	가히 가

료		어	무	량	억	겁		행	차
了		於	無	量	億	劫		行	此
깨달을 료		어조사 어	없을 무	헤아릴 량	억 억	겁 겁		행할 행	이 차

제	도	이		도	량	득	성	과	
諸	道	已		道	場	得	成	果	
모든 제	길 도	마칠 이		길 도	마당 장(량)	얻을 득	이룰 성	실과 과	

아	이	실	지	견		여	시	대	과
我	已	悉	知	見		如	是	大	果
나 아	이미 이	다 실	알 지	볼 견		같을 여	이 시	큰 대	실과 과

보		종	종	성	상	의		아	급
報		種	種	性	相	義		我	及
갚을 보		종류 종	종류 종	성품 성	모양 상	의미 의		나 아	밎 급

매우 깊고 미묘한 법은 보기도 어렵고 알기도 어렵도다.
저 무량억 겁 오랜 세월 동안 온갖 수행을 쌓은 다음
도량에서 정각을 이루어 나도 이미 모든 지혜 갖추었나니,
사물마다 그에 합당한 큰 과보와 여러 가지 성품과 모양을 지닌 뜻에 대하여

시	방	불		내	능	지	시	사	
十	方	佛		乃	能	知	是	事	
열 십(시)	방위 방	부처 불		이에 내	능할 능	알 지	이 시	일 사	

시	법	불	가	시		언	사	상	적
是	法	不	可	示		言	辭	相	寂
이 시	법 법	아닐 불	가히 가	보일 시		말씀 언	말 사	모양 상	고요할 적

멸		제	여	중	생	류		무	유
滅		諸	餘	衆	生	類		無	有
멸할 멸		모든 제	남을 여	무리 중	날 생	무리 류		없을 무	있을 유

능	득	해		제	제	보	살	중	
能	得	解		除	諸	菩	薩	衆	
능할 능	얻을 득	풀 해		제할 제	모든 제	보리 보	보살 살	무리 중	

신	력	견	고	자		제	불	제	자
信	力	堅	固	者		諸	佛	弟	子
믿을 신	힘 력	굳을 견	굳을 고	놈 자		모든 제	부처 불	아우 제	아들 자

나와 시방세계 모든 부처님들만이 전부 그 일을 알 수 있도다.
이 법은 보여줄 수 없는 것으로 언어와 문자의 길마저 끊어졌거니,
다른 모든 중생들은 이 뜻에 대해 알 수가 없되
믿음의 힘이 견고한 보살만은 가능하니라. 부처님 제자로서

중		증	공	양	제	불		일	체
衆		曾	供	養	諸	佛		一	切
무리 중		일찍 증	이바지할 공	기를 양	모든 제	부처 불		한 일	모두 체

루	이	진		주	시	최	후	신	
漏	已	盡		住	是	最	後	身	
샐 루	이미 이	다할 진		머물 주	이 시	가장 최	뒤 후	몸 신	

여	시	제	인	등		기	력	소	불
如	是	諸	人	等		其	力	所	不
같을 여	이 시	모든 제	사람 인	무리 등		그 기	힘 력	바 소	아닐 불

감		가	사	만	세	간		개	여
堪		假	使	滿	世	間		皆	如
견딜 감		거짓 가	가령 사	찰 만	세상 세	사이 간		다 개	같을 여

사	리	불		진	사	공	탁	량	
舍	利	弗		盡	思	共	度	量	
집 사	이로울 리	아닐 불		다할 진	생각할 사	함께 공	헤아릴 탁	헤아릴 량	

일찍이 모든 부처님들께 공양하였고 온갖 번뇌 다하여
윤회의 마지막 몸에 머무른 그러한 모든 사람들의 능력으로도
감당할 수가 없도다. 가령 사리불 같은 이가
세간에 가득 차서 생각을 모아 함께 헤아리더라도

불	능	측	불	지		정	사	만	시
不	能	測	佛	智		正	使	滿	十
아닐 불	능할 능	잴 측	부처 불	슬기 지		가령 정	가령 사	찰 만	열 십(시)

방		개	여	사	리	불		급	여
方		皆	如	舍	利	弗		及	餘
방위 방		다 개	같을 여	집 사	이로울 리	아닐 불		및 급	남을 여

제	제	자		역	만	시	방	찰	
諸	弟	子		亦	滿	十	方	刹	
모든 제	아우 제	아들 자		또 역	찰 만	열 십(시)	방위 방	국토 찰	

진	사	공	탁	량		역	부	불	능
盡	思	共	度	量		亦	復	不	能
다할 진	생각할 사	함께 공	헤아릴 탁	헤아릴 량		또 역	다시 부	아닐 불	능할 능

지		벽	지	불	이	지		무	루
知		辟	支	佛	利	智		無	漏
알 지		임금 벽	지탱할 지	부처 불	날카로울 이	슬기 지		없을 무	샐 루

부처님 지혜를 감히 예측할 수 없으며, 또 사리불 같은 이가
시방세계에 가득 차고 그 밖의 다른 모든 제자들도
시방세계에 가득 차서 생각을 모아 함께 헤아린다 하더라도
부처님 지혜는 역시 알 수가 없도다. 벽지불의 명철한 지혜와

최	후	신		역	만	시	방	계	
最	後	身		亦	滿	十	方	界	
가장 최	뒤 후	몸 신		또 역	찰 만	열 십(시)	방위 방	지경 계	

기	수	여	죽	림		사	등	공	일
其	數	如	竹	林		斯	等	共	一
그 기	셀 수	같을 여	대 죽	수풀 림		이 사	무리 등	함께 공	한 일

심		어	억	무	량	겁		욕	사
心		於	億	無	量	劫		欲	思
마음 심		어조사 어	억 억	없을 무	헤아릴 량	겁 겁		하고자할 욕	생각할 사

불	실	지		막	능	지	소	분	
佛	實	智		莫	能	知	少	分	
부처 불	진실 실	슬기 지		말 막	능할 능	알 지	적을 소	나눌 분	

신	발	의	보	살		공	양	무	수
新	發	意	菩	薩		供	養	無	數
새 신	필 발	뜻 의	보리 보	보살 살		이바지할 공	기를 양	없을 무	셀 수

번뇌 없는 윤회의 마지막 몸을 얻은 자들이 또한 시방세계에 가득 차서
그 수효 대숲 같이 빽빽이 많거늘, 그들이 함께 일심으로
한량없는 억 겁의 오랜 세월 동안 부처님의 참다운 지혜를 헤아려 본다 해도
눈곱만큼조차 알 수 없도다. 처음 발심하여 무수한 부처님들께 공양하였고

불		요	달	제	의	취		우	능
佛		了	達	諸	義	趣		又	能
부처 불		깨달을 요	통달할 달	모든 제	의미 의	뜻 취		또 우	능할 능

선	설	법		여	도	마	죽	위	
善	說	法		如	稻	麻	竹	葦	
착할 선	말씀 설	법 법		같을 여	벼 도	삼 마	대 죽	갈대 위	

충	만	시	방	찰		일	심	이	묘
充	滿	十	方	剎		一	心	以	妙
찰 충	찰 만	열 십(시)	방위 방	국토 찰		한 일	마음 심	써 이	묘할 묘

지		어	항	하	사	겁		함	개
智		於	恒	河	沙	劫		咸	皆
슬기 지		어조사 어	항상 항	물 하	모래 사	겁 겁		다 함	다 개

공	사	량		불	능	지	불	지	
共	思	量		不	能	知	佛	智	
함께 공	생각할 사	헤아릴 량		아닐 불	능할 능	알 지	부처 불	슬기 지	

모든 가르침의 뜻도 밝게 알아서 설법을 잘하는 보살들이
벼와 삼이나 대나무 또는 갈대숲 같이 시방세계의 국토에 촘촘히 가득 차서,
일심으로 미묘한 지혜를 가지고 항하의 모래알처럼 무수한 겁 동안
모두 함께 생각해 보더라도 부처님의 지혜를 알 수가 없으며,

불	퇴	제	보	살		기	수	여	항
不	退	諸	菩	薩		其	數	如	恒
아닐불	물러날퇴	모든제	보리보	보살살		그기	셀수	같을여	항상항

사		일	심	공	사	구		역	부
沙		一	心	共	思	求		亦	復
모래사		한일	마음심	함께공	생각할사	구할구		또역	다시부

불	능	지		우	고	사	리	불	
不	能	知		又	告	舍	利	弗	
아닐불	능할능	알지		또우	알릴고	집사	이로울리	아닐불	

무	루	부	사	의		심	심	미	묘
無	漏	不	思	議		甚	深	微	妙
없을무	샐루	아닐부	생각할사	의논할의		심할심	깊을심	작을미	묘할묘

법		아	금	이	구	득		유	아
法		我	今	已	具	得		唯	我
법법		나아	이제금	이미이	갖출구	얻을득		오직유	나아

항하의 모래알처럼 많은 무수한 불퇴전 보살들이 일심으로
함께 생각해 보더라도 역시 부처님의 지혜는 알 수가 없도다.
또 사리불에게 이르노니, 번뇌 없고 생각으로 알 수 없는
매우 심오하며 미묘한 법을 내 지금 이미 다 구족히 갖추었도다.

지	시	상		시	방	불	역	연	
知	是	相		十	方	佛	亦	然	
알 지	이 시	모양 상		열 십(시)	방위 방	부처 불	또 역	그러할 연	

사	리	불	당	지		제	불	어	무
舍	利	弗	當	知		諸	佛	語	無
집 사	이로울 리	아닐 불	마땅히 당	알 지		모든 제	부처 불	말씀 어	없을 무

이		어	불	소	설	법		당	생
異		於	佛	所	說	法		當	生
다를 이		어조사 어	부처 불	바 소	말씀 설	법 법		마땅히 당	날 생

대	신	력		세	존	법	구	후	
大	信	力		世	尊	法	久	後	
큰 대	믿을 신	힘 력		세상 세	높을 존	법 법	오랠 구	뒤 후	

요	당	설	진	실		고	제	성	문
要	當	說	眞	實		告	諸	聲	聞
반드시 요	마땅히 당	말씀 설	참 진	진실 실		알릴 고	모든 제	소리 성	들을 문

오직 나만 이 상태를 알고 또한 시방 부처님들만이 아시거늘,
사리불은 마땅히 명심할지니 모든 부처님 말씀은 틀림이 없도다.
그러므로 부처님이 설하는 법에 마땅히 큰 믿음을 낼지니 세존은 오랫동안
방편의 법을 설한 뒤에야 반드시 진실한 법을 설하느니라. 모든 성문대중들과

중		급	구	연	각	승		아	령
衆		及	求	緣	覺	乘		我	令
무리 중		및 급	구할 구	인연 연	깨달을 각	탈 승		나 아	하여금 령

탈	고	박		체	득	열	반	자	
脫	苦	縛		逮	得	涅	槃	者	
벗을 탈	괴로울 고	묶을 박		미칠 체	얻을 득	개흙 열	쟁반 반	놈 자	

불	이	방	편	력		시	이	삼	승
佛	以	方	便	力		示	以	三	乘
부처 불	써 이	처방 방	편할 편	힘 력		보일 시	써 이	석 삼	탈 승

교		중	생	처	처	착		인	지
教		衆	生	處	處	著		引	之
가르침 교		무리 중	날 생	곳 처	곳 처	잡을 착		끌 인	어조사 지

영	득	출		이	시		대	중	중
令	得	出		爾	時		大	衆	中
하여금 영	얻을 득	날 출		그 이	때 시		큰 대	무리 중	가운데 중

연각승을 구하는 이들 내가 너희들에게 고통의 얽힘에서 벗어나
마침내 열반을 얻게 한 것은 부처님이 방편의 힘으로써 삼승의 교법을 보인 것으로,
중생들이 곳곳마다 집착하기에 그들을 인도하여 벗어나게 하려고 했던 것이니라.
그때 대중 가운데

유	제	성	문		누	진	아	라	한
有	諸	聲	聞		漏	盡	阿	羅	漢
있을 유	모든 제	소리 성	들을 문		샐 누	다할 진	언덕 아	새그물 라	한수 한

아	야	교	진	여	등		천	이	백
阿	若	憍	陳	如	等		千	二	百
언덕 아	같을 약(야)	교만할 교	베풀 진	같을 여	무리 등		일천 천	두 이	일백 백

인		급	발	성	문	벽	지	불	심
人		及	發	聲	聞	辟	支	佛	心
사람 인		및 급	필 발	소리 성	들을 문	임금 벽	지탱할 지	부처 불	마음 심

비	구	비	구	니		우	바	새	우
比	丘	比	丘	尼		優	婆	塞	優
견줄 비	언덕 구	견줄 비	언덕 구	여승 니		넉넉할 우	할미 파(바)	변방 새	넉넉할 우

바	이		각	작	시	념		금	자
婆	夷		各	作	是	念		今	者
할미 파(바)	오랑캐 이		각각 각	지을 작	이 시	생각 념		이제 금	놈 자

여러 성문들, 곧 아야교진여를 비롯한
천이백 명의 번뇌가 다한 아라한들, 그리고
성문과 벽지불의 마음을 내었던 비구·비구니·
우바새·우바이들이 각각 이렇게 생각하였다. '지금

세	존		하	고	은	근		칭	탄
世	尊		何	故	慇	懃		稱	歎
세상 세	높을 존		어찌 하	연고 고	은근할 은	은근할 근		일컬을 칭	찬탄할 탄

방	편		이	작	시	언		불	소
方	便		而	作	是	言		佛	所
처방 방	편할 편		말이을 이	지을 작	이 시	말씀 언		부처 불	바 소

득	법		심	심	난	해		유	소
得	法		甚	深	難	解		有	所
얻을 득	법 법		심할 심	깊을 심	어려울 난	풀 해		있을 유	바 소

언	설		의	취	난	지		일	체
言	說		意	趣	難	知		一	切
말씀 언	말씀 설		뜻 의	뜻 취	어려울 난	알 지		한 일	모두 체

성	문		벽	지	불		소	불	능
聲	聞		辟	支	佛		所	不	能
소리 성	들을 문		임금 벽	지탱할 지	부처 불		바 소	아닐 불	능할 능

세존께서는 무슨 까닭으로 저렇게 간절히 방편을 찬탄하시며,
「부처님이 얻으신 법은 매우 깊고 알기 어려워서, 말로 표현하더라도
역시 그 뜻을 알기 어렵도다. 따라서 일체 성문이나 벽지불들은
감히 알아차릴 수가 없도다.」라고 말씀하시는 것일까?

급		불	설	일	해	탈	의		아
及		佛	說	一	解	脫	義		我
미칠 급		부처 불	말씀 설	한 일	풀 해	벗을 탈	의미 의		나 아

등		역	득	차	법		도	어	열
等		亦	得	此	法		到	於	涅
무리 등		또 역	얻을 득	이 차	법 법		이를 도	어조사 어	개흙 열

반		이	금	부	지		시	의	소
槃		而	今	不	知		是	義	所
쟁반 반		말이을 이	이제 금	아닐 부	알 지		이 시	의미 의	바 소

취		이	시		사	리	불		지
趣		爾	時		舍	利	弗		知
향할 취		그 이	때 시		집 사	이로울 리	아닐 불		알 지

사	중	심	의		자	역	미	료	
四	衆	心	疑		自	亦	未	了	
넉 사	무리 중	마음 심	의심할 의		스스로 자	또 역	아닐 미	깨달을 료	

부처님께서 한 가지 해탈의 뜻을 말씀하셨고
우리들도 역시 그 법을 얻어서 열반에 이르렀거늘,
지금 말씀하시는 뜻은 그 의미를 전혀 알 수가 없구나.'
그때에 사리불은 사부대중이 마음으로 의심할 뿐더러 자신도 잘 알지 못하므로

이	백	불	언		세	존		하	인
而	白	佛	言		世	尊		何	因
말 이을 이	사뢸 백	부처 불	말씀 언		세상 세	높을 존		어찌 하	인할 인

하	연		은	근	칭	탄		제	불
何	緣		慇	懃	稱	歎		諸	佛
어찌 하	인연 연		은근할 은	은근할 근	일컬을 칭	찬탄할 탄		모든 제	부처 불

제	일	방	편		심	심	미	묘	
第	一	方	便		甚	深	微	妙	
차례 제	한 일	처방 방	편할 편		심할 심	깊을 심	작을 미	묘할 묘	

난	해	지	법		아	자	석	래	
難	解	之	法		我	自	昔	來	
어려울 난	풀 해	어조사 지	법 법		나 아	~로부터 자	옛 석	올 래	

미	증	종	불		문	여	시	설	
未	曾	從	佛		聞	如	是	說	
아닐 미	일찍 증	좇을 종	부처 불		들을 문	같을 여	이 시	말씀 설	

부처님께 다음과 같이 사뢰었다. "세존이시여!
도대체 어떤 이유와 어떤 사연으로 모든 부처님의 제일 방편을 그토록 지극히 찬탄하시는 것입니까?
그리고 부처님께서 깨달으신 법은 너무 깊고 미묘해서, 정말로 알기 어려운 법이라고 하시는 것입니까?
저는 예로부터 일찍이 부처님께서 이와 같이 말씀하시는 것을 들어본 적이 없었습니다.

금	자	사	중		함	개	유	의	
今	者	四	衆		咸	皆	有	疑	
이제 금	놈 자	넉 사	무리 중		다 함	다 개	있을 유	의심할 의	

유	원	세	존		부	연	사	사	
唯	願	世	尊		敷	演	斯	事	
오직 유	원할 원	세상 세	높을 존		펼 부	펼 연	이 사	일 사	

세	존	하	고		은	근	칭	탄	
世	尊	何	故		慇	懃	稱	歎	
세상 세	높을 존	어찌 하	연고 고		은근할 은	은근할 근	일컬을 칭	찬탄할 탄	

심	심	미	묘		난	해	지	법	
甚	深	微	妙		難	解	之	法	
심할 심	깊을 심	작을 미	묘할 묘		어려울 난	풀 해	어조사 지	법 법	

이	시		사	리	불		욕	중	선
爾	時		舍	利	弗		欲	重	宣
그 이	때 시		집 사	이로울 리	아닐 불		하고자할 욕	거듭할 중	베풀 선

더욱이 지금 사부대중이 다 의심하고 있사오니, 오직 바라옵건대 세존께서는
이 일을 알기 쉽게 풀어서 설명해 주시옵소서! 도대체 세존께서는 무슨 까닭으로
(도량에서 성취하신 법이) 매우 깊고 미묘하여 정말로 알기 어려운 법이라고,
그렇게도 극구 찬탄하시는 것입니까?" 그때 사리불이 거듭 의미를 표현하고자

차	의		이	설	게	언		혜	일
此	義		而	說	偈	言		慧	日
이 차	의미 의		말 이을 이	말씀 설	게송 게	말씀 언		지혜 혜	해 일

대	성	존		구	내	설	시	법	
大	聖	尊		久	乃	說	是	法	
큰 대	성인 성	높을 존		오랠 구	이에 내	말씀 설	이 시	법 법	

자	설	득	여	시		역	무	외	삼
自	說	得	如	是		力	無	畏	三
스스로 자	말씀 설	얻을 득	같을 여	이 시		힘 역	없을 무	두려워할 외	석 삼

매		선	정	해	탈	등		불	가
昧		禪	定	解	脫	等		不	可
어두울 매		고요할 선	선정 정	풀 해	벗을 탈	무리 등		아닐 불	가히 가

사	의	법		도	량	소	득	법	
思	議	法		道	場	所	得	法	
생각할 사	의논할 의	법 법		길 도	마당 장(량)	바 소	얻을 득	법 법	

게송으로 말씀드렸다.

지혜의 태양이신 대성존께서 오랫동안 설법하신 뒤에야 이 법을 말씀하시되,
'나는 이와 같은 십력과 사무소외와 여러 삼매 사선정과 팔해탈 등의
불가사의한 법을 얻었노라' 하시네. 그러나 도량에서 얻은 법에 대하여

무	능	발	문	자		아	의	난	가
無	能	發	問	者		我	意	難	可
없을무	능할능	필발	물을문	놈자		나아	뜻의	어려울난	가히가

측		역	무	능	문	자		무	문
測		亦	無	能	問	者		無	問
잴측		또역	없을무	능할능	물을문	놈자		없을무	물을문

이	자	설		칭	탄	소	행	도	
而	自	說		稱	歎	所	行	道	
말이을이	스스로자	말씀설		일컬을칭	찬탄할탄	바소	행할행	길도	

지	혜	심	미	묘		제	불	지	소
智	慧	甚	微	妙		諸	佛	之	所
슬기지	지혜혜	심할심	작을미	묘할묘		모든제	부처불	어조사지	바소

득		무	루	제	나	한		급	구
得		無	漏	諸	羅	漢		及	求
얻을득		없을무	샐루	모든제	새그물나	한수한		및급	구할구

능히 질문할 만한 자가 없으니 '내 가르침의 뜻은 가히 헤아리기 어려워
능히 물어볼 만한 자가 없도다' 하시고, 그렇지만 묻는 이도 없는데
친히 말씀하시어 수행하셨던 바른 도를 찬탄하시며 '매우 깊고 미묘한 이런 지혜는
모든 부처님들께서만 증득하신 것이라' 하시니, 번뇌 다한 여러 아라한들과

열	반	자		금	개	타	의	망	
涅	槃	者		今	皆	墮	疑	網	
개흙 열	쟁반 반	놈 자		이제 금	다 개	떨어질 타	의심할 의	그물 망	

불	하	고	설	시		기	구	연	각
佛	何	故	說	是		其	求	緣	覺
부처 불	어찌 하	연고 고	말씀 설	이 시		그 기	구할 구	인연 연	깨달을 각

자		비	구	비	구	니		제	천
者		比	丘	比	丘	尼		諸	天
놈 자		견줄 비	언덕 구	견줄 비	언덕 구	여승 니		모든 제	하늘 천

룡	귀	신		급	건	달	바	등	
龍	鬼	神		及	乾	闥	婆	等	
용 룡	귀신 귀	귀신 신		및 급	하늘 건	대궐문 달	할미 파(바)	무리 등	

상	시	회	유	예		첨	앙	양	족
相	視	懷	猶	豫		瞻	仰	兩	足
서로 상	볼 시	품을 회	오히려 유	꺼릴 예		볼 첨	우러를 앙	두 양	족할 족

열반을 구하는 이들이 지금 모두 다 의혹에 떨어져서
'부처님께서 무슨 이유로 저리 말씀하시는가?' 하며,
연각을 구하는 비구·비구니와 많은 하늘천신과 용·귀신·건달바들이
서로 바라보며 의심을 품은 채 양족존이신 부처님만 빤히 올려다보고 있나이다.

존		시	사	위	운	하		원	불
尊		是	事	爲	云	何		願	佛
높을 존		이 시	일 사	할 위	이를 운	어찌 하		원할 원	부처 불

위	해	설		어	제	성	문	중	
爲	解	說		於	諸	聲	聞	衆	
위할 위	풀 해	말씀 설		어조사 어	모든 제	소리 성	들을 문	무리 중	

불	설	아	제	일		아	금	자	어
佛	說	我	第	一		我	今	自	於
부처 불	말씀 설	나 아	차례 제	한 일		나 아	이제 금	스스로 자	어조사 어

지		의	혹	불	능	료		위	시
智		疑	惑	不	能	了		爲	是
슬기 지		의심할 의	미혹할 혹	아닐 불	능할 능	깨달을 료		할 위	이 시

구	경	법		위	시	소	행	도	
究	竟	法		爲	是	所	行	道	
궁구할 구	다할 경	법 법		할 위	이 시	바 소	행할 행	길 도	

이 일이 어찌 된 사연이온지 부처님께서 부디 저희를 위하여 해설해 주옵소서!
모든 성문 대중 가운데 부처님께서 제가 제일 지혜롭다 하셨지만,
제가 얻은 지혜로는 미혹하여 도무지 이해할 수 없나이다.
이것이 궁극적인 구경법입니까? 혹은 아직 더 닦아나가야 할 도입니까?

불	구	소	생	자		합	장	첨	앙
佛	口	所	生	子		合	掌	瞻	仰
부처 불	입 구	바 소	날 생	아들 자		합할 합	손바닥 장	볼 첨	우러를 앙

대		원	출	미	묘	음		시	위
待		願	出	微	妙	音		時	爲
기다릴 대		원할 원	날 출	작을 미	묘할 묘	소리 음		때 시	위할 위

여	실	설		제	천	룡	신	등	
如	實	說		諸	天	龍	神	等	
같을 여	진실 실	말씀 설		모든 제	하늘 천	용 룡	귀신 신	무리 등	

기	수	여	항	사		구	불	제	보
其	數	如	恒	沙		求	佛	諸	菩
그 기	셀 수	같을 여	항상 항	모래 사		구할 구	부처 불	모든 제	보리 보

살		대	수	유	팔	만		우	제
薩		大	數	有	八	萬		又	諸
보살 살		큰 대	셀 수	있을 유	여덟 팔	일만 만		또 우	모든 제

부처님의 가르침을 받은 제자들이 합장하고 우러러 기다리오니,
원컨대 미묘한 음성으로 즉시 저희들을 위해 여실히 설명해 주옵소서!
모든 하늘천신과 용·귀신들 항하의 모래알처럼 무수하며
부처님 되기 바라는 여러 보살들 대략 팔만 명이나 되고,

만	억	국		전	륜	성	왕	지	
萬	億	國		轉	輪	聖	王	至	
일만 만	억 억	나라 국		구를 전	바퀴 륜	성인 성	임금 왕	이를 지	

합	장	이	경	심		욕	문	구	족
合	掌	以	敬	心		欲	聞	具	足
합할 합	손바닥 장	써 이	공경할 경	마음 심		하고자할 욕	들을 문	갖출 구	족할 족

도		이	시		불	고	사	리	불
道		爾	時		佛	告	舍	利	弗
길 도		그 이	때 시		부처 불	알릴 고	집 사	이로울 리	아닐 불

지	!	지	!		불	수	부	설	
止	!	止	!		不	須	復	說	
그칠 지		그칠 지			아닐 불	필요할 수	다시 부	말씀 설	

약	설	시	사		일	체	세	간	
若	說	是	事		一	切	世	間	
만약 약	말씀 설	이 시	일 사		한 일	모두 체	세상 세	사이 간	

또 여러 만억 국토의 전륜성왕들도 다 모여

합장한 채 공경하는 마음으로써 완전한 진리에 대해 듣고자 하나이다.

그때 부처님께서 사리불에게 이르시었다. "그만두어라, 그만두어라!
다시 더 말할 필요가 없느니라. 만일 이 일을 말하게 된다면 일체 세간의

제	천	급	인		개	당	경	의	
諸	天	及	人		皆	當	驚	疑	
모든 제	하늘 천	및 급	사람 인		다 개	마땅히 당	놀랄 경	의심할 의	

사	리	불		중	백	불	언		세
舍	利	弗		重	白	佛	言		世
집 사	이로울 리	아닐 불		거듭할 중	사뢸 백	부처 불	말씀 언		세상 세

존		유	원	설	지		유	원	설
尊		唯	願	說	之		唯	願	說
높을 존		오직 유	원할 원	말씀 설	어조사 지		오직 유	원할 원	말씀 설

지		소	이	자	하		시	회	무
之		所	以	者	何		是	會	無
어조사 지		바 소	써 이	놈 자	어찌 하		이 시	모임 회	없을 무

수		백	천	만	억		아	승	기
數		百	千	萬	億		阿	僧	祇
셀 수		일백 백	일천 천	일만 만	억 억		언덕 아	중 승	토지신 기

모든 하늘천신과 사람들이 전부 다 놀라서 의심하게 되리라."
사리불이 거듭 부처님께 말씀드렸다.
"세존이시여, 부디 말씀해 주시옵소서! 부디 말씀해 주시옵소서!
왜냐하면 여기 모인 무수한 백천만억 아승기의 수많은

중	생		증	견	제	불		제	근
衆	生		曾	見	諸	佛		諸	根
무리 중	날 생		일찍 증	볼 견	모든 제	부처 불		모든 제	뿌리 근

맹	리		지	혜	명	료		문	불
猛	利		智	慧	明	了		聞	佛
날랠 맹	날카로울 리		슬기 지	지혜 혜	밝을 명	밝을 료		들을 문	부처 불

소	설		즉	능	경	신		이	시
所	說		則	能	敬	信		爾	時
바 소	말씀 설		곧 즉	능할 능	공경할 경	믿을 신		그 이	때 시

사	리	불		욕	중	선	차	의	
舍	利	弗		欲	重	宣	此	義	
집 사	이로울 리	아닐 불		하고자할 욕	거듭할 중	베풀 선	이 차	의미 의	

이	설	게	언		법	왕	무	상	존
而	說	偈	言		法	王	無	上	尊
말 이을 이	말씀 설	게송 게	말씀 언		법 법	임금 왕	없을 무	위 상	높을 존

중생들은 일찍이 많은 부처님들을 친견하였습니다. 게다가 모든 근기가 용맹하고 날카로우며
지혜 또한 밝기 때문에, 부처님의 말씀을 듣는다면 곧 공경하며 믿을 수 있을 것입니다."
그때 사리불이 거듭 의미를 표현하고자 게송으로 사뢰었다.

법왕이시며, 위없이 가장 높으신 분이시여!

유	설	원	물	려		시	회	무	량
唯	說	願	勿	慮		是	會	無	量
오직 유	말씀 설	원할 원	말 물	근심할 려		이 시	모임 회	없을 무	헤아릴 량

중		유	능	경	신	자		불	부
衆		有	能	敬	信	者		佛	復
무리 중		있을 유	능할 능	공경할 경	믿을 신	놈 자		부처 불	다시 부

지		사	리	불		약	설	시	사
止		舍	利	弗		若	說	是	事
그칠 지		집 사	이로울 리	아닐 불		만약 약	말씀 설	이 시	일 사

일	체	세	간		천	인	아	수	라
一	切	世	間		天	人	阿	修	羅
한 일	모두 체	세상 세	사이 간		하늘 천	사람 인	언덕 아	닦을 수	새그물 라

개	당	경	의		증	상	만	비	구
皆	當	驚	疑		增	上	慢	比	丘
다 개	마땅히 당	놀랄 경	의심할 의		더할 증	위 상	거만할 만	견줄 비	언덕 구

제발 아무 염려하지 마시고 말씀해 주시옵소서! 이 모임의 한량없는
대중들 속에는 분명 공경하며 믿을 수 있는 누군가가 있으오리다.
부처님께서 또 다시 말리셨다. "사리불아! 만약 이 일을 말한다면 일체 세간의 하늘천신과
사람과 아수라들이 정말 죄다 놀라고 의심할 것이며, 깨달은 체하는 증상만 비구는

장	추	어	대	갱		이	시	세	존
將	墜	於	大	坑		爾	時	世	尊
장차 장	떨어질 추	어조사 어	큰 대	구덩이 갱		그 이	때 시	세상 세	높을 존

중	설	게	언		지	지	불	수	설
重	說	偈	言		止	止	不	須	說
거듭할 중	말씀 설	게송 게	말씀 언		그칠 지	그칠 지	아닐 불	필요할 수	말씀 설

아	법	묘	난	사		제	증	상	만
我	法	妙	難	思		諸	增	上	慢
나 아	법 법	묘할 묘	어려울 난	생각할 사		모든 제	더할 증	위 상	거만할 만

자		문	필	불	경	신		이	시
者		聞	必	不	敬	信		爾	時
놈 자		들을 문	반드시 필	아닐 불	공경할 경	믿을 신		그 이	때 시

사	리	불		중	백	불	언		세
舍	利	弗		重	白	佛	言		世
집 사	이로울 리	아닐 불		거듭할 중	사뢸 백	부처 불	말씀 언		세상 세

장차 깊은 구렁 속에 떨어지게 되리라." 그때 세존께서 거듭 게송으로 말씀하셨다.

그만둬라, 그만둬라, 더 이상 말하지 말지니라. 나의 법 미묘하여 생각하기 어렵나니

여러 증상만자가 듣는다면 반드시 공경하지 않고 믿지 않으리라.

그때 사리불이 거듭 부처님께 간청드렸다.

존		유	원	설	지		유	원	설
尊		唯	願	說	之		唯	願	說
높을 존		오직 유	원할 원	말씀 설	어조사 지		오직 유	원할 원	말씀 설

지		금	차	회	중		여	아	등
之		今	此	會	中		如	我	等
어조사 지		이제 금	이 차	모임 회	가운데 중		같을 여	나 아	무리 등

비		백	천	만	억		세	세	이
比		百	千	萬	億		世	世	已
견줄 비		일백 백	일천 천	일만 만	억 억		세상 세	세상 세	이미 이

증		종	불	수	화		여	차	인
曾		從	佛	受	化		如	此	人
일찍 증		좇을 종	부처 불	받을 수	화할 화		같을 여	이 차	사람 인

등		필	능	경	신		장	야	안
等		必	能	敬	信		長	夜	安
무리 등		반드시 필	능할 능	공경할 경	믿을 신		길 장	밤 야	편안할 안

"세존이시여, 제발 말씀해 주시옵소서! 제발 말씀해 주시옵소서! 지금 이 회상 가운데
저희와 같은 비구 백천만억 명은 세세생생에 이미 일찍이 부처님을 모시고
교화를 받아오지 않았습니까? 이와 같은 사람들은 반드시 부처님 말씀을
공경하고 믿을 것입니다. 그렇게 되면 기나긴 세월 동안 안락할 것이며

은		다	소	요	익		이	시	
隱		多	所	饒	益		爾	時	
편안할 은		많을 다	바 소	넉넉할 요	더할 익		그 이	때 시	

사	리	불		욕	중	선	차	의	
舍	利	弗		欲	重	宣	此	義	
집 사	이로울 리	아닐 불		하고자할 욕	거듭할 중	베풀 선	이 차	의미 의	

이	설	게	언		무	상	양	족	존
而	說	偈	言		無	上	兩	足	尊
말 이을 이	말씀 설	게송 게	말씀 언		없을 무	위 상	두 양	족할 족	높을 존

원	설	제	일	법		아	위	불	장
願	說	第	一	法		我	爲	佛	長
원할 원	말씀 설	차례 제	한 일	법 법		나 아	할 위	부처 불	길 장

자		유	수	분	별	설		시	회
子		唯	垂	分	別	說		是	會
아들 자		오직 유	드리울 수	나눌 분	나눌 별	말씀 설		이 시	모임 회

이익되는 것도 많을 것입니다."
그때 사리불이 거듭 의미를 표현하고자 게송으로 사뢰었다.
　　위없이 높은 양족존이시여! 제일 으뜸가는 법을 부디 설하여 주옵소서!
　　저는 부처님의 맏아들이오니 오직 분별하여 알기 쉽게 설하여 주옵소서!

무	량	중		능	경	신	차	법	
無	量	衆		能	敬	信	此	法	
없을 무	헤아릴 량	무리 중		능할 능	공경할 경	믿을 신	이 차	법 법	

불	이	증	세	세		교	화	여	시
佛	已	曾	世	世		教	化	如	是
부처 불	이미 이	일찍 증	세상 세	세상 세		가르칠 교	화할 화	같을 여	이 시

등		개	일	심	합	장		욕	청
等		皆	一	心	合	掌		欲	聽
무리 등		다 개	한 일	마음 심	합할 합	손바닥 장		하고자할 욕	들을 청

수	불	어		아	등	천	이	백	
受	佛	語		我	等	千	二	百	
받을 수	부처 불	말씀 어		나 아	무리 등	일천 천	두 이	일백 백	

급	여	구	불	자		원	위	차	중
及	餘	求	佛	者		願	爲	此	衆
및 급	남을 여	구할 구	부처 불	놈 자		원할 원	위할 위	이 차	무리 중

여기 모인 한량없는 대중들은 부처님 가르침을 능히 공경하며 믿으리니,
부처님께서 일찍이 세세생생에 이들을 교화하지 않으셨나이까?
모두 다 일심으로 합장하고 부처님 말씀을 듣고자 하오니
저희들 천이백 명의 제자들과 나머지 불도를 구하는 자들, 부디 이 대중들을 위해

고		유	수	분	별	설		시	등
故		唯	垂	分	別	說		是	等
연고 고		오직 유	드리울 수	나눌 분	나눌 별	말씀 설		이 시	무리 등

문	차	법		즉	생	대	환	희	
聞	此	法		則	生	大	歡	喜	
들을 문	이 차	법 법		곧 즉	날 생	큰 대	기쁠 환	기쁠 희	

이	시	세	존		고	사	리	불	
爾	時	世	尊		告	舍	利	弗	
그 이	때 시	세상 세	높을 존		알릴 고	집 사	이로울 리	아닐 불	

여	이	은	근	삼	청		기	득	불
汝	已	慇	懃	三	請		豈	得	不
너 여	이미 이	은근할 은	은근할 근	석 삼	청할 청		어찌 기	얻을 득	아닐 불

설		여	금	제	청		선	사	념
說		汝	今	諦	聽		善	思	念
말씀 설		너 여	이제 금	살필 체(제)	들을 청		착할 선	생각할 사	생각할 념

분별하여 알기 쉽게 설명해 주옵소서!

이들이 부처님 가르침을 들으면 곧 크게 환희심을 내오리다.

그때 세존께서 사리불에게 이르시었다. "네가 이미 간곡하게 세 번이나 청했으니,
어찌 설하지 않고 배기겠느냐! 너는 이제 자세히 듣고 잘 생각하여라.

지		오	당	위	여		분	별	해
之		吾	當	爲	汝		分	別	解
어조사 지		나 오	마땅히 당	위할 위	너 여		나눌 분	나눌 별	풀 해

설		설	차	어	시		회	중	유
說		說	此	語	時		會	中	有
말씀 설		말씀 설	이 차	말씀 어	때 시		모임 회	가운데 중	있을 유

비	구	비	구	니		우	바	새	우
比	丘	比	丘	尼		優	婆	塞	優
견줄 비	언덕 구	견줄 비	언덕 구	여승 니		넉넉할 우	할미 파(바)	변방 새	넉넉할 우

바	이		오	천	인	등		즉	종
婆	夷		五	千	人	等		即	從
할미 파(바)	오랑캐 이		다섯 오	일천 천	사람 인	무리 등		곧 즉	좇을 종

좌	기		예	불	이	퇴		소	이
座	起		禮	佛	而	退		所	以
자리 좌	일어날 기		예도 예	부처 불	말 이을 이	물러날 퇴		바 소	써 이

내 마땅히 너를 위해 분별하여 설해 주리라."
부처님께서 이렇게 말씀하시자 당시 회상 가운데 있던
오천 명의 비구·비구니·우바새·우바이들이
즉시 자리에서 일어나 부처님께 예배하고 떠나 버렸다.

자	하		차	배		죄	근	심	중
者	何		此	輩		罪	根	深	重
놈 자	어찌 하		이 차	무리 배		허물 죄	뿌리 근	깊을 심	무거울 중

급	증	상	만		미	득	위	득	
及	增	上	慢		未	得	謂	得	
및 급	더할 증	위 상	거만할 만		아닐 미	얻을 득	이를 위	얻을 득	

미	증	위	증		유	여	차	실	
未	證	謂	證		有	如	此	失	
아닐 미	증득할 증	이를 위	증득할 증		있을 유	같을 여	이 차	잃을 실	

시	이	부	주		세	존	묵	연	
是	以	不	住		世	尊	默	然	
이 시	써 이	아닐 부	머물 주		세상 세	높을 존	묵묵할 묵	그러할 연	

이	부	제	지		이	시		불	고
而	不	制	止		爾	時		佛	告
말 이을 이	아닐 부	누를 제	그칠 지		그 이	때 시		부처 불	알릴 고

왜냐하면 그 무리들은 죄근이 깊고 무거우며 증상만이기 때문이었다.
그래서 아직 얻지 못한 것을 얻었다 하고 증득하지 못한 것을 증득했다고 착각했으니,
이러한 과실이 있어서 법회 장소에 머물지 못했던 것이다. 세존께서는
그냥 잠자코 계시며 떠나는 것을 굳이 말리지 않으셨다. 이윽고 부처님께서

사	리	불		아	금	차	중		무
舍	利	弗		我	今	此	衆		無
집사	이로울리	아닐불		나아	이제금	이차	무리중		없을무

부	지	엽		순	유	정	실		사
復	枝	葉		純	有	貞	實		舍
다시부	가지지	잎엽		순수할순	있을유	곧을정	열매실		집사

리	불		여	시	증	상	만	인	
利	弗		如	是	增	上	慢	人	
이로울리	아닐불		같을여	이시	더할증	위상	거만할만	사람인	

퇴	역	가	의		여	금	선	청	
退	亦	佳	矣		汝	今	善	聽	
물러날퇴	또역	좋을가	어조사의		너여	이제금	착할선	들을청	

당	위	여	설		사	리	불	언	
當	爲	汝	說		舍	利	弗	言	
마땅히당	위할위	너여	말씀설		집사	이로울리	아닐불	말씀언	

사리불에게 이르시었다. “지금 여기 대중들은 나뭇가지나 잎사귀는 없고
순전히 알짜 열매만 남아 있는 셈이니라. 사리불아,
아까 그와 같은 증상만자들은 물러가는 것이 오히려 당연하다 할 수 있느니라.
너는 이제 잘 들어라. 마땅히 너를 위하여 말하리라.” 사리불이 여쭈었다.

유	연	세	존		원	요	욕	문	
唯	然	世	尊		願	樂	欲	聞	
오직 유	그러할 연	세상 세	높을 존		원할 원	좋아할 요	하고자할 욕	들을 문	

불	고	사	리	불		여	시	묘	법
佛	告	舍	利	弗		如	是	妙	法
부처 불	알릴 고	집 사	이로울 리	아닐 불		같을 여	이 시	묘할 묘	법 법

제	불	여	래		시	내	설	지	
諸	佛	如	來		時	乃	說	之	
모든 제	부처 불	같을 여	올 래		때 시	이에 내	말씀 설	어조사 지	

여	우	담	발	화		시	일	현	이
如	優	曇	鉢	華		時	一	現	耳
같을 여	넉넉할 우	흐릴 담	바리때 발	꽃 화		때 시	한 일	나타날 현	어조사 이

사	리	불		여	등		당	신	불
舍	利	弗		汝	等		當	信	佛
집 사	이로울 리	아닐 불		너 여	무리 등		마땅히 당	믿을 신	부처 불

"예, 세존이시여! 열심히 듣겠나이다."
부처님께서 사리불에게 이르시었다.
"이와 같이 미묘한 법은 모든 부처님 여래께서 때가 되어야만 설하는 것으로,
마치 우담발화 꽃이 때가 되어야만 한 번 피는 것과 같으니라. 사리불아! 너희들은 마땅히

지	소	설		언	불	허	망		사
之	所	說		言	不	虛	妄		舍
어조사 지	바 소	말씀 설		말씀 언	아닐 불	빌 허	허망할 망		집 사

리	불		제	불		수	의	설	법
利	弗		諸	佛		隨	宜	說	法
이로울 리	아닐 불		모든 제	부처 불		따를 수	마땅할 의	말씀 설	법 법

의	취	난	해		소	이	자	하	
意	趣	難	解		所	以	者	何	
뜻 의	뜻 취	어려울 난	풀 해		바 소	써 이	놈 자	어찌 하	

아	이	무	수	방	편		종	종	인
我	以	無	數	方	便		種	種	因
나 아	써 이	없을 무	셀 수	처방 방	편할 편		종류 종	종류 종	인할 인

연		비	유	언	사		연	설	제
緣		譬	喩	言	辭		演	說	諸
인연 연		비유할 비	비유할 유	말씀 언	말 사		펼 연	말씀 설	모든 제

부처님께서 말씀하시는 것을 믿어야 하나니, 부처님 말씀은 절대로 거짓이 없느니라.
사리불아! 모든 부처님께서는 근기에 맞게 법을 설하여,
사실 그 참뜻을 이해하기란 매우 어려우니라. 왜냐하면 내가 무수한 방편과
여러 가지 인연과 비유와 갖가지 말로써 많은 법을 연설했지만,

법		시	법		비	사	량	분	별
法		是	法		非	思	量	分	別
법 법		이 시	법 법		아닐 비	생각할 사	헤아릴 량	나눌 분	나눌 별

지	소	능	해		유	유	제	불	
之	所	能	解		唯	有	諸	佛	
어조사 지	바 소	능할 능	풀 해		오직 유	있을 유	모든 제	부처 불	

내	능	지	지		소	이	자	하	
乃	能	知	之		所	以	者	何	
이에 내	능할 능	알 지	어조사 지		바 소	써 이	놈 자	어찌 하	

제	불	세	존		유	이	일	대	사
諸	佛	世	尊		唯	以	一	大	事
모든 제	부처 불	세상 세	높을 존		오직 유	써 이	한 일	큰 대	일 사

인	연	고		출	현	어	세		사
因	緣	故		出	現	於	世		舍
인할 인	인연 연	연고 고		날 출	나타날 현	어조사 어	세상 세		집 사

이 실상의 법은 생각으로 헤아리거나 분별하여
이해할 수 있는 것이 아니기 때문이니라. 오직 모든 부처님만이
능히 참뜻을 아시나니, 왜냐하면 모든 부처님 세존께서는
오직 한 가지 큰 목적으로 세상에 출현하시기 때문이니라.

리	불		운	하	명		제	불	세
利	弗		云	何	名		諸	佛	世
이로울 리	아닐 불		이를 운	어찌 하	이름 명		모든 제	부처 불	세상 세

존		유	이	일	대	사	인	연	고
尊		唯	以	一	大	事	因	緣	故
높을 존		오직 유	써 이	한 일	큰 대	일 사	인할 인	인연 연	연고 고

출	현	어	세		제	불	세	존	
出	現	於	世		諸	佛	世	尊	
날 출	나타날 현	어조사 어	세상 세		모든 제	부처 불	세상 세	높을 존	

욕	령	중	생		개	불	지	견	
欲	令	衆	生		開	佛	知	見	
하고자할 욕	하여금 령	무리 중	날 생		열 개	부처 불	알 지	볼 견	

사	득	청	정	고		출	현	어	세
使	得	清	淨	故		出	現	於	世
하여금 사	얻을 득	맑을 청	깨끗할 정	연고 고		날 출	나타날 현	어조사 어	세상 세

사리불아, 무엇을 일러 모든 부처님께서
오직 한 가지 큰 목적으로 세상에 출현하신다 하는가?
모든 부처님 세존께서는 중생들에게 부처님의 지혜를 열어주어,
본래의 청정함을 얻게 하려고 세상에 출현하시느니라.

욕	시	중	생		불	지	지	견	고
欲	示	衆	生		佛	之	知	見	故
하고자할 욕	보일 시	무리 중	날 생		부처 불	어조사 지	알 지	볼 견	연고 고

출	현	어	세		욕	령	중	생	
出	現	於	世		欲	令	衆	生	
날 출	나타날 현	어조사 어	세상 세		하고자할 욕	하여금 령	무리 중	날 생	

오	불	지	견	고		출	현	어	세
悟	佛	知	見	故		出	現	於	世
깨달을 오	부처 불	알 지	볼 견	연고 고		날 출	나타날 현	어조사 어	세상 세

욕	령	중	생		입	불	지	견	도
欲	令	衆	生		入	佛	知	見	道
하고자할 욕	하여금 령	무리 중	날 생		들 입	부처 불	알 지	볼 견	길 도

고		출	현	어	세		사	리	불
故		出	現	於	世		舍	利	弗
연고 고		날 출	나타날 현	어조사 어	세상 세		집 사	이로울 리	아닐 불

또한 중생들에게 부처님의 지혜를 보여주려고 세상에 출현하시며,
중생으로 하여금 부처님의 지혜를 깨닫게 하려고 세상에 출현하시느니라.
그리고 중생으로 하여금 부처님의 지혜를 성취하는 길로
들어서게 하려고 세상에 출현하시느니라. 사리불아,

시	위	제	불		이	일	대	사	인
是	爲	諸	佛		以	一	大	事	因
이시	할위	모든제	부처불		써이	한일	큰대	일사	인할인

연	고		출	현	어	세		불	고
緣	故		出	現	於	世		佛	告
인연연	연고고		날출	나타날현	어조사어	세상세		부처불	알릴고

사	리	불		제	불	여	래		단
舍	利	弗		諸	佛	如	來		但
집사	이로울리	아닐불		모든제	부처불	같을여	올래		다만단

교	화	보	살		제	유	소	작	
教	化	菩	薩		諸	有	所	作	
가르칠교	화할화	보리보	보살살		모든제	있을유	바소	지을작	

상	위	일	사		유	이	불	지	지
常	爲	一	事		唯	以	佛	之	知
항상상	위할위	한일	일사		오직유	써이	부처불	어조사지	알지

이것이 모든 부처님들께서 세상에 출현하시는 가장 크고 유일한 목적이 되느니라."
부처님께서 사리불에게 이르시었다.
"모든 부처님 여래께서는 오로지 보살들을 교화하시고자 갖가지 법을 설하시며,
설하신 모든 것은 항상 한 가지 목적을 위해서이니라. 다시 말해 오로지 부처님의 지혜를

견		시	오	중	생		사	리	불
見		示	悟	衆	生		舍	利	弗
볼 견		보일 시	깨달을 오	무리 중	날 생		집 사	이로울 리	아닐 불

여	래		단	이	일	불	승	고	
如	來		但	以	一	佛	乘	故	
같을 여	올 래		다만 단	써 이	한 일	부처 불	탈 승	연고 고	

위	중	생	설	법		무	유	여	승
爲	衆	生	說	法		無	有	餘	乘
위할 위	무리 중	날 생	말씀 설	법 법		없을 무	있을 유	남을 여	탈 승

약	이	약	삼		사	리	불		일
若	二	若	三		舍	利	弗		一
만약 약	두 이	만약 약	석 삼		집 사	이로울 리	아닐 불		한 일

체	시	방	제	불		법	역	여	시
切	十	方	諸	佛		法	亦	如	是
모두 체	열 십(시)	방위 방	모든 제	부처 불		법 법	또 역	같을 여	이 시

중생들에게 보여 주고 깨우치려는 것이니라.
사리불아! 여래는 다만 일불승으로써 짐짓 중생들을 위하여 설법할 뿐이니라.
따라서 다른 가르침은 없거늘, 어찌 이승이나 삼승이 있겠느냐!
사리불아, 일체 시방에 계신 모든 부처님들의 법도 또한 이와 똑같으니라.

사	리	불		과	거	제	불		이
舍	利	弗		過	去	諸	佛		以
집사	이로울리	아닐불		지날과	갈거	모든제	부처불		써이

무	량	무	수	방	편		종	종	인
無	量	無	數	方	便		種	種	因
없을무	헤아릴량	없을무	셀수	처방방	편할편		종류종	종류종	인할인

연		비	유	언	사		이	위	중
緣		譬	喩	言	辭		而	爲	衆
인연연		비유할비	비유할유	말씀언	말사		말이을이	위할위	무리중

생		연	설	제	법		시	법	
生		演	說	諸	法		是	法	
날생		펼연	말씀설	모든제	법법		이시	법법	

개	위	일	불	승	고		시	제	중
皆	爲	一	佛	乘	故		是	諸	衆
다개	위할위	한일	부처불	탈승	연고고		이시	모든제	무리중

사리불아! 과거의 모든 부처님들께서
한량없는 무수한 방편과 여러 가지 인연과 비유와 갖가지 말로써
중생들을 위하여 많은 법을 연설하셨느니라.
그렇지만 그 법이 다 일불승을 위한 것이었기에, 과거의 여러 중생들이

생		종	제	불	문	법		구	경
生		從	諸	佛	聞	法		究	竟
날 생		좇을 종	모든 제	부처 불	들을 문	법 법		궁구할 구	다할 경

개	득	일	체	종	지		사	리	불
皆	得	一	切	種	智		舍	利	弗
다 개	얻을 득	한 일	모두 체	종류 종	슬기 지		집 사	이로울 리	아닐 불

미	래	제	불		당	출	어	세	
未	來	諸	佛		當	出	於	世	
아닐 미	올 래	모든 제	부처 불		마땅히 당	날 출	어조사 어	세상 세	

역	이	무	량	무	수	방	편		종
亦	以	無	量	無	數	方	便		種
또 역	써 이	없을 무	헤아릴 량	없을 무	셀 수	처방 방	편할 편		종류 종

종	인	연		비	유	언	사		이
種	因	緣		譬	喩	言	辭		而
종류 종	인할 인	인연 연		비유할 비	비유할 유	말씀 언	말 사		말 이을 이

부처님으로부터 법을 듣고는 마침내 모두 일체종지를 얻었느니라.
사리불아!
미래의 모든 부처님들께서도 앞으로 세상에 출현하시어
또한 한량없는 무수한 방편과 여러 가지 인연과 비유와 갖가지 말로써

위	중	생		연	설	제	법		시
爲	衆	生		演	說	諸	法		是
위할 위	무리 중	날 생		펼 연	말씀 설	모든 제	법 법		이 시

법		개	위	일	불	승	고		시
法		皆	爲	一	佛	乘	故		是
법 법		다 개	위할 위	한 일	부처 불	탈 승	연고 고		이 시

제	중	생		종	불	문	법		구
諸	衆	生		從	佛	聞	法		究
모든 제	무리 중	날 생		좇을 종	부처 불	들을 문	법 법		궁구할 구

경		개	득	일	체	종	지		사
竟		皆	得	一	切	種	智		舍
다할 경		다 개	얻을 득	한 일	모두 체	종류 종	슬기 지		집 사

리	불		현	재	시	방		무	량
利	弗		現	在	十	方		無	量
이로울 리	아닐 불		지금 현	있을 재	열 십(시)	방위 방		없을 무	헤아릴 량

중생들을 위하여 많은 법을 연설하시리라.
그렇지만 그 법이 다 일불승을 위한 것이기에, 미래의 여러 중생들도
부처님으로부터 법을 듣고는 마침내 모두 일체종지를 얻으리라.
사리불아, 현재 시방세계의 한량없는

백	천	만	억		불	토	중		제
百	千	萬	億		佛	土	中		諸
일백 백	일천 천	일만 만	억 억		부처 불	흙 토	가운데 중		모든 제

불	세	존		다	소	요	익		안
佛	世	尊		多	所	饒	益		安
부처 불	세상 세	높을 존		많을 다	바 소	넉넉할 요	더할 익		편안할 안

락	중	생		시	제	불		역	이
樂	衆	生		是	諸	佛		亦	以
즐길 락	무리 중	날 생		이 시	모든 제	부처 불		또 역	써 이

무	량	무	수	방	편		종	종	인
無	量	無	數	方	便		種	種	因
없을 무	헤아릴 량	없을 무	셀 수	처방 방	편할 편		종류 종	종류 종	인할 인

연		비	유	언	사		이	위	중
緣		譬	喩	言	辭		而	爲	衆
인연 연		비유할 비	비유할 유	말씀 언	말 사		말 이을 이	위할 위	무리 중

백천만억 불국토 속에 계시는 모든 부처님 세존께서도
중생들을 많이 이익되게 하시고 안락하게 하시느니라.
그 모든 부처님들께서도 또한 한량없는 무수한 방편과
여러 가지 인연과 비유와 갖가지 말로써 중생들을 위하여

생		연	설	제	법		시	법	
生		演	說	諸	法		是	法	
날 생		펼 연	말씀 설	모든 제	법 법		이 시	법 법	

개	위	일	불	승	고		시	제	중
皆	爲	一	佛	乘	故		是	諸	衆
다 개	위할 위	한 일	부처 불	탈 승	연고 고		이 시	모든 제	무리 중

생		종	불	문	법		구	경	
生		從	佛	聞	法		究	竟	
날 생		좇을 종	부처 불	들을 문	법 법		궁구할 구	다할 경	

개	득	일	체	종	지		사	리	불
皆	得	一	切	種	智		舍	利	弗
다 개	얻을 득	한 일	모두 체	종류 종	슬기 지		집 사	이로울 리	아닐 불

시	제	불		단	교	화	보	살	
是	諸	佛		但	教	化	菩	薩	
이 시	모든 제	부처 불		다만 단	가르칠 교	화할 화	보리 보	보살 살	

많은 법을 연설하시느니라. 그렇지만 그 법이 모두 일불승을 위한 것이기에,
현재의 여러 중생들이 부처님으로부터 법을 듣고는 마침내 모두 일체종지를 얻게 되느니라.
사리불아! 그 모든 부처님들께서는
오직 보살들을 교화하시고자 갖가지 법을 설하시는 것이니라.

욕	이	불	지	지	견		시	중	생
欲	以	佛	之	知	見		示	衆	生
하고자할 욕	써 이	부처 불	어조사 지	알 지	볼 견		보일 시	무리 중	날 생

고		욕	이	불	지	지	견		오
故		欲	以	佛	之	知	見		悟
연고 고		하고자할 욕	써 이	부처 불	어조사 지	알 지	볼 견		깨달을 오

중	생	고		욕	령	중	생		입
衆	生	故		欲	令	衆	生		入
무리 중	날 생	연고 고		하고자할 욕	하여금 령	무리 중	날 생		들 입

불	지	지	견	고		사	리	불	
佛	之	知	見	故		舍	利	弗	
부처 불	어조사 지	알 지	볼 견	연고 고		집 사	이로울 리	아닐 불	

아	금		역	부	여	시		지	제
我	今		亦	復	如	是		知	諸
나 아	이제 금		또 역	다시 부	같을 여	이 시		알 지	모든 제

즉 부처님 지혜를 중생들에게 보여 주려고 하시기 때문이며,
부처님 지혜를 중생들에게 깨닫게 하려는 까닭이고,
중생들로 하여금 부처님 지혜에 들어가게 하려고 하시기 때문이니라.
사리불아! 나도 지금 또한 그와 마찬가지니라.

중	생		유	종	종	욕		심	심
衆	生		有	種	種	欲		深	心
무리 중	날 생		있을 유	종류 종	종류 종	욕심 욕		깊을 심	마음 심

소	착		수	기	본	성		이	종
所	著		隨	其	本	性		以	種
바 소	잡을 착		따를 수	그 기	근본 본	성품 성		써 이	종류 종

종	인	연		비	유	언	사	방	편
種	因	緣		譬	喩	言	辭	方	便
종류 종	인할 인	인연 연		비유할 비	비유할 유	말씀 언	말 사	처방 방	편할 편

력		이	위	설	법		사	리	불
力		而	爲	說	法		舍	利	弗
힘 력		말이을 이	위할 위	말씀 설	법 법		집 사	이로울 리	아닐 불

여	차		개	위	득	일	불	승	
如	此		皆	爲	得	一	佛	乘	
같을 여	이 차		다 개	위할 위	얻을 득	한 일	부처 불	탈 승	

모든 중생들에게 여러 가지 욕망이 있으며 그 욕망에 마음속 깊이
집착하고 있음을 알고는, 그 본성에 따라 여러 가지 인연과 비유와
갖가지 말의 다양한 방편력으로써 그들을 위하여 법을 설하느니라.
사리불아, 이렇게 한 것은 모두 일불승으로

일	체	종	지	고		사	리	불	
一	切	種	智	故		舍	利	弗	
한 일	모두 체	종류 종	슬기 지	연고 고		집 사	이로울 리	아닐 불	

시	방	세	계	중		상	무	이	승
十	方	世	界	中		尙	無	二	乘
열 십(시)	방위 방	세상 세	지경 계	가운데 중		오히려 상	없을 무	두 이	탈 승

하	황	유	삼		사	리	불		제
何	況	有	三		舍	利	弗		諸
어찌 하	하물며 황	있을 유	석 삼		집 사	이로울 리	아닐 불		모든 제

불		출	어	오	탁	악	세		소
佛		出	於	五	濁	惡	世		所
부처 불		날 출	어조사 어	다섯 오	흐릴 탁	악할 악	세상 세		바 소

위	겁	탁		번	뇌	탁		중	생
謂	劫	濁		煩	惱	濁		衆	生
이를 위	겁 겁	흐릴 탁		괴로워할 번	괴로워할 뇌	흐릴 탁		무리 중	날 생

일체종지를 얻게 하기 위해서이니라. 사리불아,
시방세계에 이승도 없거늘 어찌 하물며 삼승이 있겠느냐.
사리불아! 여러 부처님들께서 다섯 가지 흐리고 악한 세상에 출현하시나니,
이른바 겁탁·번뇌탁·중생탁·

탁		견	탁		명	탁		여	시
濁		見	濁		命	濁		如	是
흐릴 탁		볼 견	흐릴 탁		목숨 명	흐릴 탁		같을 여	이 시

사	리	불		겁	탁	난	시		중
舍	利	弗		劫	濁	亂	時		衆
집 사	이로울 리	아닐 불		겁 겁	흐릴 탁	어지러울 난	때 시		무리 중

생	구	중		간	탐	질	투		성
生	垢	重		慳	貪	嫉	妬		成
날 생	때 구	무거울 중		아낄 간	탐할 탐	투기할 질	투기할 투		이룰 성

취	제	불	선	근	고		제	불	
就	諸	不	善	根	故		諸	佛	
이룰 취	모든 제	아닐 불	착할 선	뿌리 근	연고 고		모든 제	부처 불	

이	방	편	력		어	일	불	승	
以	方	便	力		於	一	佛	乘	
써 이	처방 방	편할 편	힘 력		어조사 어	한 일	부처 불	탈 승	

견탁·명탁의 세상이니라. 이와 같이 사리불아!
시대가 탁하고 어지러울 때에는 중생들의 업장도 무겁기 마련이니라.
따라서 아끼고 탐내며 질투하는 등 온갖 나쁜 근성을 이루기가 십상이라서,
모든 부처님들께서는 방편력으로써 일불승을

분	별	설	삼		사	리	불		약
分	別	說	三		舍	利	弗		若
나눌 분	나눌 별	말씀 설	석 삼		집 사	이로울 리	아닐 불		만약 약

아	제	자		자	위	아	라	한	
我	弟	子		自	謂	阿	羅	漢	
나 아	아우 제	아들 자		스스로 자	이를 위	언덕 아	새그물 라	한수 한	

벽	지	불	자		불	문	부	지	
辟	支	佛	者		不	聞	不	知	
임금 벽	지탱할 지	부처 불	놈 자		아닐 불	들을 문	아닐 부	알 지	

제	불	여	래		단	교	화	보	살
諸	佛	如	來		但	教	化	菩	薩
모든 제	부처 불	같을 여	올 래		다만 단	가르칠 교	화할 화	보리 보	보살 살

사		차	비	불	제	자		비	아
事		此	非	佛	弟	子		非	阿
일 사		이 차	아닐 비	부처 불	아우 제	아들 자		아닐 비	언덕 아

삼승으로 분별하여 연설하시느니라. 사리불아!
만약 나의 제자가 스스로 아라한이나 벽지불이라 하면서
모든 부처님 여래께서 보살들을 교화하시는 일, 곧 일불승의 도리에 대해
듣지도 못하고 알지도 못한다면, 이는 부처님의 제자가 아닐 뿐더러

라	한		비	벽	지	불		우	사
羅	漢		非	辟	支	佛		又	舍
새그물 라	한수 한		아닐 비	임금 벽	지탱할 지	부처 불		또 우	집 사

리	불		시	제	비	구	비	구	니
利	弗		是	諸	比	丘	比	丘	尼
이로울 리	아닐 불		이 시	모든 제	견줄 비	언덕 구	견줄 비	언덕 구	여승 니

자	위	이	득	아	라	한		시	최
自	謂	已	得	阿	羅	漢		是	最
스스로 자	이를 위	이미 이	얻을 득	언덕 아	새그물 라	한수 한		이 시	가장 최

후	신		구	경	열	반		변	불
後	身		究	竟	涅	槃		便	不
뒤 후	몸 신		궁구할 구	다할 경	개흙 열	쟁반 반		문득 변	아닐 불

부	지		구	아	뇩	다	라	삼	먁
復	志		求	阿	耨	多	羅	三	藐
다시 부	뜻 지		구할 구	언덕 아	김맬 누(뇩)	많을 다	새그물 라	석 삼	아득할 막(먁)

아라한도 아니고 벽지불도 아니니라. 또 사리불아,
어떤 비구·비구니들이 스스로 이르기를 '이미 아라한을 얻었다' 고 하며
'이것이 바로 윤회의 마지막 몸으로 열반의 상태' 라고 하면서,
더 이상 마음으로 아뇩다라삼먁삼보리를 구하지 않는다면

삼	보	리		당	지	차	배		개
三	菩	提		當	知	此	輩		皆
석 삼	보리 보	끌 제(리)		마땅히 당	알 지	이 차	무리 배		다 개

시	증	상	만	인		소	이	자	하
是	增	上	慢	人		所	以	者	何
이 시	더할 증	위 상	거만할 만	사람 인		바 소	써 이	놈 자	어찌 하

약	유	비	구		실	득	아	라	한
若	有	比	丘		實	得	阿	羅	漢
만약 약	있을 유	견줄 비	언덕 구		진실 실	얻을 득	언덕 아	새그물 라	한수 한

약	불	신	차	법		무	유	시	처
若	不	信	此	法		無	有	是	處
만약 약	아닐 불	믿을 신	이 차	법 법		없을 무	있을 유	옳을 시	곳 처

제	불	멸	도	후		현	전	무	불
除	佛	滅	度	後		現	前	無	佛
제할 제	부처 불	멸할 멸	건널 도	뒤 후		지금 현	앞 전	없을 무	부처 불

마땅히 알아라. 이 무리들은 모두 깨닫지 못했으면서 깨달은 체하는 증상만자이니라.
왜냐하면 만약 어떤 비구가 실로 아라한을 얻었는데도 이 법을 믿지 않는다는 것은
도무지 말이 안 되기 때문이니라. 하지만 부처님께서 열반하신 뒤
눈앞에 부처님이 계시지 않을 때는 제외되느니라.

소	이	자	하		불	멸	도	후	
所	以	者	何		佛	滅	度	後	
바소	써이	놈자	어찌하		부처불	멸할멸	건널도	뒤후	

여	시	등	경		수	지	독	송	해
如	是	等	經		受	持	讀	誦	解
같을여	이시	무리등	경경		받을수	가질지	읽을독	외울송	풀해

의	자		시	인	난	득		약	우
義	者		是	人	難	得		若	遇
의미의	놈자		이시	사람인	어려울난	얻을득		만약약	만날우

여	불		어	차	법	중		변	득
餘	佛		於	此	法	中		便	得
남을여	부처불		어조사어	이차	법법	가운데중		문득변	얻을득

결	료		사	리	불		여	등	
決	了		舍	利	弗		汝	等	
결단할결	깨달을료		집사	이로울리	아닐불		너여	무리등	

왜냐하면 부처님께서 열반하신 뒤에는 이러한 경전을 수지하여
읽고 외우며 뜻을 아는 그런 사람조차 만나기가 어렵기 때문이니라.
그러나 만일 다른 부처님을 만나게 된다면 이 법 가운데에서
문득 분명하게 깨달음을 얻으리라. 사리불아, 너희들은

당	일	심	신	해		수	지	불	어
當	一	心	信	解		受	持	佛	語
마땅히 당	한 일	마음 심	믿을 신	풀 해		받을 수	가질 지	부처 불	말씀 어

제	불	여	래		언	무	허	망	
諸	佛	如	來		言	無	虛	妄	
모든 제	부처 불	같을 여	올 래		말씀 언	없을 무	빌 허	허망할 망	

무	유	여	승		유	일	불	승	
無	有	餘	乘		唯	一	佛	乘	
없을 무	있을 유	남을 여	탈 승		있을 유	한 일	부처 불	탈 승	

이	시	세	존		욕	중	선	차	의
爾	時	世	尊		欲	重	宣	此	義
그 이	때 시	세상 세	높을 존		하고자할 욕	거듭할 중	베풀 선	이 차	의미 의

이	설	게	언		비	구	비	구	니
而	說	偈	言		比	丘	比	丘	尼
말 이을 이	말씀 설	게송 게	말씀 언		견줄 비	언덕 구	견줄 비	언덕 구	여승 니

마땅히 일심으로 믿고 이해하며 부처님의 말씀을 받아 지녀야 하느니라.
모든 부처님 여래의 말씀은 절대로 허망하지 않나니, 다른 가르침은 없고 오직 일불승뿐이니라."
그때 세존께서 거듭 의미를 표현하시고자 게송으로 말씀하셨다.
증상만의 비구·비구니로

유	회	증	상	만		우	바	새	아
有	懷	增	上	慢		優	婆	塞	我
있을 유	품을 회	더할 증	위 상	거만할 만		넉넉할 우	할미 파(바)	변방 새	나 아

만		우	바	이	불	신		여	시
慢		優	婆	夷	不	信		如	是
거만할 만		넉넉할 우	할미 파(바)	오랑캐 이	아닐 불	믿을 신		같을 여	이 시

사	중	등		기	수	유	오	천	
四	衆	等		其	數	有	五	千	
넉 사	무리 중	무리 등		그 기	셀 수	있을 유	다섯 오	일천 천	

부	자	견	기	과		어	계	유	결
不	自	見	其	過		於	戒	有	缺
아닐 부	스스로 자	볼 견	그 기	허물 과		어조사 어	지킬 계	있을 유	이지러질 결

루		호	석	기	하	자		시	소
漏		護	惜	其	瑕	疵		是	小
샐 루		보호할 호	아낄 석	그 기	티 하	흠 자		이 시	작을 소

잘난 체하는 이들과 아만 높은 우바새들
그리고 신심 없는 우바이들, 이와 같은 사부대중이
오천 명이나 되거늘 스스로 제 허물 보지 못하고
계행에도 결함 있어, 그 허물 감추려고

지	이	출		중	중	지	조	강	
智	已	出		衆	中	之	糟	糠	
슬기 지	이미 이	날 출		무리 중	가운데 중	어조사 지	지게미 조	쌀겨 강	

불	위	덕	고	거		사	인	선	복
佛	威	德	故	去		斯	人	尠	福
부처 불	위엄 위	덕 덕	연고 고	갈 거		이 사	사람 인	적을 선	복 복

덕		불	감	수	시	법		차	중
德		不	堪	受	是	法		此	衆
덕 덕		아닐 불	견딜 감	받을 수	이 시	법 법		이 차	무리 중

무	지	엽		유	유	제	정	실	
無	枝	葉		唯	有	諸	貞	實	
없을 무	가지 지	잎 엽		오직 유	있을 유	모든 제	곧을 정	열매 실	

사	리	불	선	청		제	불	소	득
舍	利	弗	善	聽		諸	佛	所	得
집 사	이로울 리	아닐 불	착할 선	들을 청		모든 제	부처 불	바 소	얻을 득

잔꾀 가진 이들 얼른 떠나버리니 대중 가운데 찌꺼기
부처님 위덕으로 물러갔도다. 그들은 복덕이 적어서 감히 이 법을 들을 수 없지만,
여기 남은 대중은 잔가지나 잎사귀 없이 오직 순수한 열매뿐이로다.
사리불아, 잘 들으라. 모든 부처님께서는 증득하신 법을

법		무	량	방	편	력		이	위
法		無	量	方	便	力		而	爲
법 법		없을 무	헤아릴 량	처방 방	편할 편	힘 력		말 이을 이	위할 위

중	생	설		중	생	심	소	념	
衆	生	說		衆	生	心	所	念	
무리 중	날 생	말씀 설		무리 중	날 생	마음 심	바 소	생각할 념	

종	종	소	행	도		약	간	제	욕
種	種	所	行	道		若	干	諸	欲
종류 종	종류 종	바 소	행할 행	길 도		같을 약	방패 간	모든 제	욕심 욕

성		선	세	선	악	업		불	실
性		先	世	善	惡	業		佛	悉
성품 성		먼저 선	세상 세	착할 선	악할 악	업 업		부처 불	다 실

지	시	이		이	제	연	비	유	
知	是	已		以	諸	緣	譬	喩	
알 지	이 시	이미 이		써 이	모든 제	인연 연	비유할 비	비유할 유	

한량없는 방편력으로 중생들을 위해 연설하시나니,
중생들이 마음으로 생각하는 것과 여러 가지로 수행한 도업,
또 많은 욕망과 성질들이나 지난 세상의 착하고 나쁜 업연에 대하여,
부처님은 이미 다 아시고 여러 가지 인연과 비유와

언	사	방	편	력		영	일	체	환
言	辭	方	便	力		令	一	切	歡
말씀 언	말 사	처방 방	편할 편	힘 력		하여금 영	한 일	모두 체	기쁠 환

희		혹	설	수	다	라		가	타
喜		或	說	修	多	羅		伽	陀
기쁠 희		혹 혹	말씀 설	닦을 수	많을 다	새그물 라		절 가	비탈질 타

급	본	사		본	생	미	증	유	
及	本	事		本	生	未	曾	有	
및 급	근본 본	일 사		근본 본	날 생	아닐 미	일찍 증	있을 유	

역	설	어	인	연		비	유	병	기
亦	說	於	因	緣		譬	喩	幷	祇
또 역	말씀 설	어조사 어	인할 인	인연 연		비유할 비	비유할 유	아우를 병	토지신 기

야		우	바	제	사	경		둔	근
夜		優	波	提	舍	經		鈍	根
밤 야		넉넉할 우	물결 파(바)	끌 제	집 사	경 경		무딜 둔	뿌리 근

갖가지 말의 방편력으로써 일체 중생들을 환희케 하시느니라.
그리하여 혹 수다라를 말씀하시기도 하고 독립된 게송이나 불제자의 과거사
부처님의 전생담과 일찍이 없던 희유한 일들 또는 인연을 설해주시기도 하며,
비유와 경전 속의 게송과 논의경 등을 말씀하시나니

락	소	법		탐	착	어	생	사	
樂	小	法		貪	著	於	生	死	
즐길 락	작을 소	법 법		탐할 탐	잡을 착	어조사 어	날 생	죽을 사	

어	제	무	량	불		불	행	심	묘
於	諸	無	量	佛		不	行	深	妙
어조사 어	모든 제	없을 무	헤아릴 량	부처 불		아닐 불	행할 행	깊을 심	묘할 묘

도		중	고	소	뇌	란		위	시
道		衆	苦	所	惱	亂		爲	是
길 도		무리 중	괴로울 고	바 소	괴로워할 뇌	어지러울 란		위할 위	이 시

설	열	반		아	설	시	방	편	
說	涅	槃		我	設	是	方	便	
말씀 설	개흙 열	쟁반 반		나 아	베풀 설	이 시	처방 방	편할 편	

영	득	입	불	혜		미	증	설	여
令	得	入	佛	慧		未	曾	說	汝
하여금 영	얻을 득	들 입	부처 불	지혜 혜		아닐 미	일찍 증	말씀 설	너 여

우둔한 근기는 소승법을 좋아하고 나고 죽는 데만 탐착하여,
여러 한량없는 부처님들 뵈어도 깊고 미묘한 도를 닦지 아니하고
많은 고통에 시달리므로 그들을 위해서 열반을 설하시도다.
나도 이런 방편을 베풀어서 중생들로 하여금 부처님지혜에 들게는 했지만 일찍이

등		당	득	성	불	도		소	이
等		當	得	成	佛	道		所	以
무리 등		마땅히 당	얻을 득	이룰 성	부처 불	길 도		바 소	써 이

미	증	설		설	시	미	지	고	
未	曾	說		說	時	未	至	故	
아닐 미	일찍 증	말씀 설		말씀 설	때 시	아닐 미	이를 지	연고 고	

금	정	시	기	시		결	정	설	대
今	正	是	其	時		決	定	說	大
이제 금	바를 정	이 시	그 기	때 시		결단할 결	정할 정	말씀 설	큰 대

승		아	차	구	부	법		수	순
乘		我	此	九	部	法		隨	順
탈 승		나 아	이 차	아홉 구	나눌 부	법 법		따를 수	순할 순

중	생	설		입	대	승	위	본	
衆	生	說		入	大	乘	爲	本	
무리 중	날 생	말씀 설		들 입	큰 대	탈 승	할 위	근본 본	

너희들에게 감히 미래에 성불하리라고 말하지는 않았도다.
이제까지 말하지 않았던 까닭은 아직 때가 이르지 않았기 때문이니,
그러나 지금 바로 때가 되었기에 결정코 대승을 설하리라. 내가 아홉 가지 법을
설한 것은 중생들 근기에 따라 설한 것으로, 대승에 들어감을 근본으로 삼아

이	고	설	시	경		유	불	자	심
以	故	說	是	經		有	佛	子	心
써 이	연고 고	말씀 설	이 시	경 경		있을 유	부처 불	아들 자	마음 심

정		유	연	역	이	근		무	량
淨		柔	軟	亦	利	根		無	量
깨끗할 정		부드러울 유	연할 연	또 역	날카로울 이	뿌리 근		없을 무	헤아릴 량

제	불	소		이	행	심	묘	도	
諸	佛	所		而	行	深	妙	道	
모든 제	부처 불	곳 소		말이을 이	행할 행	깊을 심	묘할 묘	길 도	

위	차	제	불	자		설	시	대	승
爲	此	諸	佛	子		說	是	大	乘
위할 위	이 차	모든 제	부처 불	아들 자		말씀 설	이 시	큰 대	탈 승

경		아	기	여	시	인		내	세
經		我	記	如	是	人		來	世
경 경		나 아	기록할 기	같을 여	이 시	사람 인		올 내	세상 세

구부경을 설하였도다. 그러나 어떤 불자
마음이 깨끗하고 부드럽고 지혜로우며 한량없이 많은 부처님들 처소에서
깊고 미묘한 도를 잘 닦았다면, 그런 불자들을 위해
이 법화경같은 대승경전 설해주며 내 그런 사람들에게

성	불	도		이	심	심	염	불	
成	佛	道		以	深	心	念	佛	
이룰 성	부처 불	길 도		써 이	깊을 심	마음 심	생각할 염	부처 불	

수	지	정	계	고		차	등	문	득
修	持	淨	戒	故		此	等	聞	得
닦을 수	가질 지	깨끗할 정	지킬 계	연고 고		이 차	무리 등	들을 문	얻을 득

불		대	희	충	변	신		불	지
佛		大	喜	充	遍	身		佛	知
부처 불		큰 대	기쁠 희	찰 충	두루 편(변)	몸 신		부처 불	알 지

피	심	행		고	위	설	대	승	
彼	心	行		故	爲	說	大	乘	
저 피	마음 심	행할 행		연고 고	위할 위	말씀 설	큰 대	탈 승	

성	문	약	보	살		문	아	소	설
聲	聞	若	菩	薩		聞	我	所	說
소리 성	들을 문	만약 약	보리 보	보살 살		들을 문	나 아	바 소	말씀 설

다음 세상 성불하리라 수기를 주나니, 마음속 깊이 염불하며
계행을 청정히 잘 닦았기 때문에 그들이 성불한다는 말을 듣게 되면
온몸이 큰 기쁨으로 충만하리라. 부처님은 그들의 마음가짐을 알고 일부러
그들 위해서 대승을 설하시지만 성문이나 보살들도 내가 설하는 법을 듣되,

법		내	지	어	일	게		개	성
法		乃	至	於	一	偈		皆	成
법 법		이에 내	이를 지	어조사 어	한 일	게송 게		다 개	이룰 성

불	무	의		시	방	불	토	중	
佛	無	疑		十	方	佛	土	中	
부처 불	없을 무	의심할 의		열 십(시)	방위 방	부처 불	흙 토	가운데 중	

유	유	일	승	법		무	이	역	무
唯	有	一	乘	法		無	二	亦	無
오직 유	있을 유	한 일	탈 승	법 법		없을 무	두 이	또 역	없을 무

삼		제	불	방	편	설		단	이
三		除	佛	方	便	說		但	以
석 삼		제할 제	부처 불	처방 방	편할 편	말씀 설		다만 단	써 이

가	명	자		인	도	어	중	생	
假	名	字		引	導	於	衆	生	
거짓 가	이름 명	글자 자		끌 인	이끌 도	어조사 어	무리 중	날 생	

한 게송만 받아 지니더라도 의심할 것 없이 모두 성불하거니
시방의 모든 불국토에는 오직 일승법만 있도다.
이승도 없고 삼승도 없으나 부처님의 방편 설법만은 예외이니
임시 가명으로써 중생을 인도하기 위한 것이로다.

설	불	지	혜	고		제	불	출	어
說	佛	智	慧	故		諸	佛	出	於
말씀 설	부처 불	슬기 지	지혜 혜	연고 고		모든 제	부처 불	날 출	어조사 어

세		유	차	일	사	실		여	이
世		唯	此	一	事	實		餘	二
세상 세		오직 유	이 차	한 일	일 사	진실 실		남을 여	두 이

즉	비	진		종	불	이	소	승	
則	非	眞		終	不	以	小	乘	
곧 즉	아닐 비	참 진		마침내 종	아닐 불	써 이	작을 소	탈 승	

제	도	어	중	생		불	자	주	대
濟	度	於	衆	生		佛	自	住	大
건널 제	건널 도	어조사 어	무리 중	날 생		부처 불	스스로 자	머물 주	큰 대

승		여	기	소	득	법		정	혜
乘		如	其	所	得	法		定	慧
탈 승		같을 여	그 기	바 소	얻을 득	법 법		선정 정	지혜 혜

부처님의 지혜를 가르치기 위하여 모든 부처님께서 세상에 출현하시거늘,
오직 일승만이 진실이요 나머지 이승과 삼승은 진실이 아니니로다.
그래서 마침내 소승법으로써 중생을 제도하지 아니하시고
부처님 몸소 대승에 머무르시어 증득하신 법다웁게,

력	장	엄		이	차	도	중	생	
力	莊	嚴		以	此	度	衆	生	
힘 력	꾸밀 장	엄할 엄		써 이	이 차	건널 도	무리 중	날 생	

자	증	무	상	도		대	승	평	등
自	證	無	上	道		大	乘	平	等
스스로 자	증득할 증	없을 무	위 상	길 도		큰 대	탈 승	평평할 평	같을 등

법		약	이	소	승	화		내	지
法		若	以	小	乘	化		乃	至
법 법		만약 약	써 이	작을 소	탈 승	화할 화		이에 내	이를 지

어	일	인		아	즉	타	간	탐	
於	一	人		我	則	墮	慳	貪	
어조사 어	한 일	사람 인		나 아	곧 즉	떨어질 타	아낄 간	탐할 탐	

차	사	위	불	가		약	인	신	귀
此	事	爲	不	可		若	人	信	歸
이 차	일 사	할 위	아닐 불	옳을 가		만약 약	사람 인	믿을 신	돌아갈 귀

선정과 지혜의 힘으로 장엄하여 중생을 제도하시나니
만일 스스로 위없이 높은 진리인 대승 평등법을 증득하고서,
단 한 사람이라도 소승으로써 교화했다면 부처인 나 역시 간탐에 떨어진 것으로
그런 일은 있을 수 없도다. 누구라도 믿음으로 부처님께 귀의하면

불		여	래	불	기	광		역	무
佛		如	來	不	欺	誑		亦	無
부처 불		같을 여	올 래	아닐 불	속일 기	속일 광		또 역	없을 무

탐	질	의		단	제	법	중	악	
貪	嫉	意		斷	諸	法	中	惡	
탐할 탐	투기할 질	뜻 의		끊을 단	모든 제	법 법	가운데 중	악할 악	

고	불	어	시	방		이	독	무	소
故	佛	於	十	方		而	獨	無	所
연고 고	부처 불	어조사 어	열 십(시)	방위 방		말 이을 이	홀로 독	없을 무	바 소

외		아	이	상	엄	신		광	명
畏		我	以	相	嚴	身		光	明
두려워할 외		나 아	써 이	모양 상	엄할 엄	몸 신		빛 광	밝을 명

조	세	간		무	량	중	소	존	
照	世	間		無	量	衆	所	尊	
비출 조	세상 세	사이 간		없을 무	헤아릴 량	무리 중	바 소	높을 존	

여래는 속이지 아니하며 또한 탐내거나 질투하지 않나니
모든 법 가운데 악업을 끊었기 때문이로다. 그러므로 부처님은
시방세계에서 홀로 두려울 것이 없으며 삼십이상으로써 몸을 장엄한 채
광명으로 세상을 비추어서, 한량없는 중생들의 존경 받으며

위	설	실	상	인		사	리	불	당
爲	說	實	相	印		舍	利	弗	當
위할 위	말씀 설	진실 실	모양 상	도장 인		집 사	이로울 리	아닐 불	마땅히 당

지		아	본	입	서	원		욕	령
知		我	本	立	誓	願		欲	令
알 지		나 아	근본 본	설 입	맹세할 서	원할 원		하고자할 욕	하여금 령

일	체	중		여	아	등	무	이	
一	切	衆		如	我	等	無	異	
한 일	모두 체	무리 중		같을 여	나 아	같을 등	없을 무	다를 이	

여	아	석	소	원		금	자	이	만
如	我	昔	所	願		今	者	已	滿
같을 여	나 아	옛 석	바 소	원할 원		이제 금	놈 자	이미 이	찰 만

족		화	일	체	중	생		개	령
足		化	一	切	衆	生		皆	令
족할 족		화할 화	한 일	모두 체	무리 중	날 생		다 개	하여금 령

실상의 도리를 연설하도다. 사리불은 마땅히 알라
내가 본래 서원 세우기를, 일체 중생들을 나와 똑같이
성불하게 하는 것이었는데 내가 옛날부터 서원했던 것을
이제야 만족하게 되었도다. 일체 중생들을 교화하여

입	불	도		약	아	우	중	생	
入	佛	道		若	我	遇	衆	生	
들 입	부처 불	길 도		만약 약	나 아	만날 우	무리 중	날 생	

진	교	이	불	도		무	지	자	착
盡	教	以	佛	道		無	智	者	錯
다할 진	가르칠 교	써 이	부처 불	길 도		없을 무	슬기 지	놈 자	그릇될 착

란		미	혹	불	수	교		아	지
亂		迷	惑	不	受	教		我	知
어지러울 란		미혹할 미	미혹할 혹	아닐 불	받을 수	가르칠 교		나 아	알 지

차	중	생		미	증	수	선	본	
此	衆	生		未	曾	修	善	本	
이 차	무리 중	날 생		아닐 미	일찍 증	닦을 수	착할 선	근본 본	

견	착	어	오	욕		치	애	고	생
堅	著	於	五	欲		癡	愛	故	生
굳을 견	잡을 착	어조사 어	다섯 오	욕심 욕		어리석을 치	사랑 애	연고 고	날 생

모두 불도에 들게 할 것이나 만일 내가 중생을 만날 때마다
전부 일불승의 불도로만 가르친다면, 어리석은 자는 제대로 정신 못 차리고 미혹하여
가르침도 듣지 않으리라. 내 알기에 이런 중생들은 일찍이 착한 근본을 닦지 않은 채,
오욕락에만 깊이 집착하고 어리석은 애욕 탓에 번뇌만 일으키더니

뇌		이	제	욕	인	연		추	타
惱		以	諸	欲	因	緣		墜	墮
괴로워할 뇌		써 이	모든 제	욕심 욕	인할 인	인연 연		떨어질 추	떨어질 타

삼	악	도		윤	회	육	취	중	
三	惡	道		輪	迴	六	趣	中	
석 삼	악할 악	길 도		바퀴 윤	돌 회	여섯 육	향할 취	가운데 중	

비	수	제	고	독		수	태	지	미
備	受	諸	苦	毒		受	胎	之	微
갖출 비	받을 수	모든 제	괴로울 고	독 독		받을 수	태 태	어조사 지	작을 미

형		세	세	상	증	장		박	덕
形		世	世	常	增	長		薄	德
모양 형		세상 세	세상 세	항상 상	더할 증	길 장		엷을 박	덕 덕

소	복	인		중	고	소	핍	박	
少	福	人		衆	苦	所	逼	迫	
적을 소	복 복	사람 인		무리 중	괴로울 고	바 소	닥칠 핍	닥칠 박	

여러 가지 욕심낸 인연으로 삼악도에 떨어져서,
육취 가운데 윤회하며 온갖 쓰린 고초 다 받거늘
모태에서 작은 형상을 받아 세세생생 날 적마다 항상 고초가 자라나며,
박덕하고 복이 적어 여러 가지 고통에 시달리도다.

입	사	견	조	림		약	유	약	무
入	邪	見	稠	林		若	有	若	無
들 입	간사할 사	볼 견	빽빽할 조	수풀 림		만약 약	있을 유	만약 약	없을 무

등		의	지	차	제	견		구	족
等		依	止	此	諸	見		具	足
무리 등		의지할 의	그칠 지	이 차	모든 제	볼 견		갖출 구	족할 족

육	십	이		심	착	허	망	법	
六	十	二		深	著	虛	妄	法	
여섯 육	열 십	두 이		깊을 심	잡을 착	빌 허	허망할 망	법 법	

견	수	불	가	사		아	만	자	긍
堅	受	不	可	捨		我	慢	自	矜
굳을 견	받을 수	아닐 불	가히 가	버릴 사		나 아	거만할 만	스스로 자	자랑할 긍

고		첨	곡	심	부	실		어	천
高		諂	曲	心	不	實		於	千
높을 고		아첨할 첨	굽을 곡	마음 심	아닐 부	진실 실		어조사 어	일천 천

더욱이 삿된 소견의 밀림 속에 빠져 자아가 있다든가 없다든가 하는
여러 그릇된 소견들에 의지하여 예순두 가지 소견을 갖추매
그런 허망한 법에 깊이 집착하게 되면 굳어져 쉽게 버리지 못할 뿐더러,
아만 있어 스스로 높이고 자랑하며 아첨하고 왜곡되어 마음도 진실치 아니하거니

만	억	겁		불	문	불	명	자	
萬	億	劫		不	聞	佛	名	字	
일만 만	억 억	겁 겁		아닐 불	들을 문	부처 불	이름 명	글자 자	

역	불	문	정	법		여	시	인	난
亦	不	聞	正	法		如	是	人	難
또 역	아닐 불	들을 문	바를 정	법 법		같을 여	이 시	사람 인	어려울 난

도		시	고	사	리	불		아	위
度		是	故	舍	利	弗		我	爲
건널 도		이 시	연고 고	집 사	이로울 리	아닐 불		나 아	위할 위

설	방	편		설	제	진	고	도	
設	方	便		說	諸	盡	苦	道	
베풀 설	처방 방	편할 편		말씀 설	모든 제	다할 진	괴로울 고	길 도	

시	지	이	열	반		아	수	설	열
示	之	以	涅	槃		我	雖	說	涅
보일 시	어조사 지	써 이	개흙 열	쟁반 반		나 아	비록 수	말씀 설	개흙 열

천만억 겁 오랜 세월 지나도록 부처님 이름조차 듣지 못하며,
또한 정법도 듣지 못하거늘 이와 같은 사람들은 정말 제도하기 어렵도다.
그러므로 사리불아, 내가 그들 위해 방편을 베풀어서 모든 고통 없애는 길을 설하여
열반으로써 가르쳐 보여주었나니 내가 비록 열반을 설하기는 했으나

반		시	역	비	진	멸		제	법
槃		是	亦	非	眞	滅		諸	法
쟁반 반		이 시	또 역	아닐 비	참 진	멸할 멸		모든 제	법 법

종	본	래		상	자	적	멸	상	
從	本	來		常	自	寂	滅	相	
좇을 종	근본 본	올 래		항상 상	스스로 자	고요할 적	멸할 멸	모양 상	

불	자	행	도	이		내	세	득	작
佛	子	行	道	已		來	世	得	作
부처 불	아들 자	행할 행	길 도	마칠 이		올 내	세상 세	얻을 득	지을 작

불		아	유	방	편	력		개	시
佛		我	有	方	便	力		開	示
부처 불		나 아	있을 유	처방 방	편할 편	힘 력		열 개	보일 시

삼	승	법		일	체	제	세	존	
三	乘	法		一	切	諸	世	尊	
석 삼	탈 승	법 법		한 일	모두 체	모든 제	세상 세	높을 존	

이는 참된 대승의 열반이 아니로다.
모든 법은 본래부터 항상 고요한 열반의 모습 그대로이므로
불자가 이 도리를 닦게 된다면 다음 세상에 반드시 부처님이 되리라.
나에게 방편력이 있어 삼승법을 열어보였을 뿐, 일체 세존께서는

개	설	일	승	도		금	차	제	대
皆	說	一	乘	道		今	此	諸	大
다개	말씀설	한일	탈승	길도		이제금	이차	모든제	큰대

중		개	응	제	의	혹		제	불
衆		皆	應	除	疑	惑		諸	佛
무리중		다개	응당히응	제할제	의심할의	미혹할혹		모든제	부처불

어	무	이		유	일	무	이	승	
語	無	異		唯	一	無	二	乘	
말씀어	없을무	다를이		오직유	한일	없을무	두이	탈승	

과	거	무	수	겁		무	량	멸	도
過	去	無	數	劫		無	量	滅	度
지날과	갈거	없을무	셀수	겁겁		없을무	헤아릴량	멸할멸	건널도

불		백	천	만	억	종		기	수
佛		百	千	萬	億	種		其	數
부처불		일백백	일천천	일만만	억억	종류종		그기	셀수

모두 일승도를 설하시느니라. 이제 여러 대중들은
전부 의심을 없앨지니, 모든 부처님 말씀은 틀리지 않아서
오직 일승뿐이요 이승은 없도다. 과거 무수한 겁 오랜 세월 전에
열반하셨던 한량없는 부처님들 그 수효 백천만억으로

불	가	량		여	시	제	세	존	
不	可	量		如	是	諸	世	尊	
아닐 불	가히 가	헤아릴 량		같을 여	이 시	모든 제	세상 세	높을 존	

종	종	연	비	유		무	수	방	편
種	種	緣	譬	喩		無	數	方	便
종류 종	종류 종	인연 연	비유할 비	비유할 유		없을 무	셀 수	처방 방	편할 편

력		연	설	제	법	상		시	제
力		演	說	諸	法	相		是	諸
힘 력		펼 연	말씀 설	모든 제	법 법	모양 상		이 시	모든 제

세	존	등		개	설	일	승	법	
世	尊	等		皆	說	一	乘	法	
세상 세	높을 존	무리 등		다 개	말씀 설	한 일	탈 승	법 법	

화	무	량	중	생		영	입	어	불
化	無	量	衆	生		令	入	於	佛
화할 화	없을 무	헤아릴 량	무리 중	날 생		하여금 영	들 입	어조사 어	부처 불

헤아릴 수 없거늘, 그와 같은 모든 세존께서 여러 가지 인연과
비유와 무수한 방편의 힘으로 제법의 모양을 연설하셨지만,
그 모든 과거의 세존께서도 모두 일승법을 설하시어
한량없는 중생들을 교화해서 중생들로 하여금 불도에 들게 하셨도다.

도		우	제	대	성	주		지	일
道		又	諸	大	聖	主		知	一
길도		또우	모든제	큰대	성인성	주인주		알지	한일

체	세	간		천	인	군	생	류	
切	世	間		天	人	群	生	類	
모두체	세상세	사이간		하늘천	사람인	무리군	날생	무리류	

심	심	지	소	욕		갱	이	이	방
深	心	之	所	欲		更	以	異	方
깊을심	마음심	어조사지	바소	욕심욕		다시갱	써이	다를이	처방방

편		조	현	제	일	의		약	유
便		助	顯	第	一	義		若	有
편할편		도울조	나타날현	차례제	한일	의미의		만약약	있을유

중	생	류		치	제	과	거	불	
衆	生	類		値	諸	過	去	佛	
무리중	날생	무리류		만날치	모든제	지날과	갈거	부처불	

또 대성주이신 모든 부처님들
일체 세상의 하늘천신과 사람 및 여러 중생들 마음속의 깊은 욕망을 다 아시고,
다시 여러 방편으로써 실상의 진리를 밝히도록 도우시나니
만일 어떤 중생들 과거의 많은 부처님 만나서,

약	문	법	보	시		혹	지	계	인
若	聞	法	布	施		或	持	戒	忍
만약 약	들을 문	법 법	베풀 포(보)	베풀 시		혹 혹	가질 지	지킬 계	참을 인

욕		정	진	선	지	등		종	종
辱		精	進	禪	智	等		種	種
욕될 욕		정미할 정	나아갈 진	고요할 선	슬기 지	무리 등		종류 종	종류 종

수	복	혜		여	시	제	인	등	
修	福	慧		如	是	諸	人	等	
닦을 수	복 복	지혜 혜		같을 여	이 시	모든 제	사람 인	무리 등	

개	이	성	불	도		제	불	멸	도
皆	已	成	佛	道		諸	佛	滅	度
다 개	이미 이	이룰 성	부처 불	길 도		모든 제	부처 불	멸할 멸	건널 도

이		약	인	선	연	심		여	시
已		若	人	善	軟	心		如	是
마칠 이		만약 약	사람 인	착할 선	연할 연	마음 심		같을 여	이 시

법을 듣고 보시하거나 계행 지니고 인욕하거나 정진과
선정과 지혜를 닦는 등 여러 가지로 복덕과 지혜를 닦았다면,
이 같은 모든 사람들은 벌써 이미 불도를 성취하였으며
모든 부처님 열반하신 뒤에라도 마음 착하고 부드러운 사람이라면,

제	중	생		개	이	성	불	도	
諸	衆	生		皆	已	成	佛	道	
모든 제	무리 중	날 생		다 개	이미 이	이룰 성	부처 불	길 도	

제	불	멸	도	이		공	양	사	리
諸	佛	滅	度	已		供	養	舍	利
모든 제	부처 불	멸할 멸	건널 도	마칠 이		이바지할 공	기를 양	집 사	이로울 리

자		기	만	억	종	탑		금	은
者		起	萬	億	種	塔		金	銀
놈 자		일어날 기	일만 만	억 억	종류 종	탑 탑		쇠 금	은 은

급	파	려		자	거	여	마	노	
及	玻	瓈		硨	磲	與	瑪	瑙	
및 급	파려옥 파	파려옥 려		옥돌 자	옥돌 거	더불어 여	마노 마	마노 노	

매	괴	유	리	주		청	정	광	엄
玫	瑰	琉	璃	珠		清	淨	廣	嚴
매괴 매	구슬이름 괴	유리 유	유리 리	구슬 주		맑을 청	깨끗할 정	넓을 광	엄할 엄

이와 같은 모든 중생들도 전부 이미 불도를 성취한 것이 되고
모든 부처님들께서 열반하신 뒤 사리에 공양하는 자들,
만억 가지 종류의 탑을 세우되 금과 은·파려·자거와 마노·매괴
유리 그리고 진주 등으로, 널리 깨끗하게 장식하여

식		장	교	어	제	탑		혹	유
飾		莊	校	於	諸	塔		或	有
꾸밀 식		꾸밀 장	장식할 교	어조사 어	모든 제	탑 탑		혹 혹	있을 유

기	석	묘		전	단	급	침	수	
起	石	廟		栴	檀	及	沈	水	
일어날 기	돌 석	사당 묘		단향목 전	단향목 단	및 급	가라앉을 침	물 수	

목	밀	병	여	재		전	와	니	토
木	櫁	幷	餘	材		塼	瓦	泥	土
나무 목	침향 밀	아우를 병	남을 여	재목 재		벽돌 전	기와 와	진흙 니	흙 토

등		약	어	광	야	중		적	토
等		若	於	曠	野	中		積	土
무리 등		만약 약	어조사 어	멀 광	들 야	가운데 중		쌓을 적	흙 토

성	불	묘		내	지	동	자	희	
成	佛	廟		乃	至	童	子	戲	
이룰 성	부처 불	사당 묘		이에 내	이를 지	아이 동	아들 자	장난할 희	

모든 탑들 장엄하게 꾸미되 어떤 이는 돌로 탑묘를 세우거나
전단향목과 침수향목으로 세우며, 목밀향목과 그 밖의 다른 목재로 짓거나
벽돌과 기와·진흙 등으로 짓기도 하고 혹은 넓은 들판 가운데에
흙을 쌓아 부처님의 탑묘를 만들며, 아이들이 장난으로라도

취	사	위	불	탑		여	시	제	인
聚	沙	爲	佛	塔		如	是	諸	人
모을 취	모래 사	할 위	부처 불	탑 탑		같을 여	이 시	모든 제	사람 인

등		개	이	성	불	도		약	인
等		皆	已	成	佛	道		若	人
무리 등		다 개	이미 이	이룰 성	부처 불	길 도		만약 약	사람 인

위	불	고		건	립	제	형	상	
爲	佛	故		建	立	諸	形	像	
위할 위	부처 불	연고 고		세울 건	설 립	모든 제	모양 형	형상 상	

각	조	성	중	상		개	이	성	불
刻	彫	成	衆	相		皆	已	成	佛
새길 각	새길 조	이룰 성	무리 중	모양 상		다 개	이미 이	이룰 성	부처 불

도		혹	이	칠	보	성		유	석
道		或	以	七	寶	成		鍮	鉐
길 도		혹 혹	써 이	일곱 칠	보배 보	이룰 성		놋쇠 유	놋쇠 석

모래 쌓아서 부처님의 탑을 만든다면 이와 같은 여러 사람들도
전부 이미 불도를 성취한 셈이 되느니라. 만일 어떤 사람이 부처님을 위하므로
여러 형상 건립하되 불상을 조각하여 만든다면 이런 사람들도
이미 불도를 성취한 것이니, 혹 칠보로써 불상을 조성하거나 놋쇠와

적	백	동		백	랍	급	연	석	
赤	白	銅		白	鑞	及	鉛	錫	
붉을 적	흰 백	구리 동		흰 백	백철 랍	및 급	납 연	주석 석	

철	목	급	여	니		혹	이	교	칠
鐵	木	及	與	泥		或	以	膠	漆
쇠 철	나무 목	및 급	더불어 여	진흙 니		혹 혹	써 이	아교 교	옻 칠

포		엄	식	작	불	상		여	시
布		嚴	飾	作	佛	像		如	是
베 포		엄할 엄	꾸밀 식	지을 작	부처 불	형상 상		같을 여	이 시

제	인	등		개	이	성	불	도	
諸	人	等		皆	已	成	佛	道	
모든 제	사람 인	무리 등		다 개	이미 이	이룰 성	부처 불	길 도	

채	화	작	불	상		백	복	장	엄
彩	畫	作	佛	像		百	福	莊	嚴
무늬 채	그림 화	지을 작	부처 불	형상 상		일백 백	복 복	꾸밀 장	엄할 엄

붉은 구리와 흰 구리로 조성하고 백납과 아연과 주석으로 만들거나
무쇠와 나무 그리고 찰흙 등으로 만들며, 혹은 아교로 옻칠한 천에다 단정하게
부처님 탱화를 장식하여 그린다면 이와 같은 모든 사람들도 전부 이미 불도를
성취한 것일 뿐더러, 물감으로 부처님 탱화를 그리되 백복으로 장엄한 모습을

상		자	작	약	사	인		개	이
相		自	作	若	使	人		皆	已
모양 상		스스로 자	지을 작	만약 약	부릴 사	사람 인		다 개	이미 이

성	불	도		내	지	동	자	희	
成	佛	道		乃	至	童	子	戱	
이룰 성	부처 불	길 도		이에 내	이를 지	아이 동	아들 자	장난할 희	

약	초	목	급	필		혹	이	지	조
若	草	木	及	筆		或	以	指	爪
만약 약	풀 초	나무 목	및 급	붓 필		혹 혹	써 이	손가락 지	손톱 조

갑		이	화	작	불	상		여	시
甲		而	畫	作	佛	像		如	是
손톱 갑		말이을 이	그림 화	지을 작	부처 불	형상 상		같을 여	이 시

제	인	등		점	점	적	공	덕	
諸	人	等		漸	漸	積	功	德	
모든 제	사람 인	무리 등		점점 점	점점 점	쌓을 적	공 공	덕 덕	

직접 그리거나 남을 시켜 그리게 하더라도 전부 이미 불도를 성취한 것과
마찬가지니라. 그리하여 아이들이 장난으로 풀잎이나 나뭇가지
또는 붓이나 손가락 혹은 손톱을 사용하여 불상을 그리게 되면,
이와 같은 모든 사람들도 점점 공덕을 쌓아서

구	족	대	비	심		개	이	성	불
具	足	大	悲	心		皆	已	成	佛
갖출 구	족할 족	큰 대	슬플 비	마음 심		다 개	이미 이	이룰 성	부처 불

도		단	화	제	보	살		도	탈
道		但	化	諸	菩	薩		度	脫
길 도		다만 단	화할 화	모든 제	보리 보	보살 살		건널 도	벗을 탈

무	량	중		약	인	어	탑	묘	
無	量	衆		若	人	於	塔	廟	
없을 무	헤아릴 량	무리 중		만약 약	사람 인	어조사 어	탑 탑	사당 묘	

보	상	급	화	상		이	화	향	번
寶	像	及	畫	像		以	華	香	幡
보배 보	형상 상	및 급	그림 화	형상 상		써 이	꽃 화	향기 향	기 번

개		경	심	이	공	양		약	사
蓋		敬	心	而	供	養		若	使
덮개 개		공경할 경	마음 심	말 이을 이	이바지할 공	기를 양		만약 약	부릴 사

대비심을 구족히 갖추어 이미 불도를 성취한 것이나 다름없느니라.
부처님은 보살들을 교화하시는 일불승만으로 한량없는 중생들을 제도하시거늘
만일 어떤 사람 부처님의 탑묘나 보배로운 불상과 탱화 앞에,
꽃과 향과 깃발과 일산 등을 가지고 공경하는 마음으로 공양 올리거나

인	작	악		격	고	취	각	패	
人	作	樂		擊	鼓	吹	角	貝	
사람 인	지을 작	풍류 악		칠 격	북 고	불 취	소라 각	조개 패	

소	적	금	공	후		비	파	요	동
簫	笛	琴	箜	篌		琵	琶	鐃	銅
퉁소 소	피리 적	거문고 금	공후 공	공후 후		비파 비	비파 파	징 뇨(요)	구리 동

발		여	시	중	묘	음		진	지
鈸		如	是	衆	妙	音		盡	持
방울 발		같을 여	이 시	무리 중	묘할 묘	소리 음		다할 진	가질 지

이	공	양		혹	이	환	희	심	
以	供	養		或	以	歡	喜	心	
써 이	이바지할 공	기를 양		혹 혹	써 이	기쁠 환	기쁠 희	마음 심	

가	패	송	불	덕		내	지	일	소
歌	唄	頌	佛	德		乃	至	一	小
노래 가	찬불 패	기릴 송	부처 불	덕 덕		이에 내	이를 지	한 일	작을 소

남을 시켜 음악을 연주하게 하여 북 치고 소라 불며, 퉁소와 피리,
거문고와 공후, 비파와 징, 바라 등의 이런 여러 가지 아름다운 음률
골고루 갖추어 공양드리거나, 혹은 환희한 마음으로써
노래로 부처님 공덕을 찬송하되 다만 한 소절이라도 부른다면

음		개	이	성	불	도		약	인
音		皆	已	成	佛	道		若	人
소리 음		다 개	이미 이	이룰 성	부처 불	길 도		만약 약	사람 인

산	란	심		내	지	이	일	화	
散	亂	心		乃	至	以	一	華	
흩을 산	어지러울 란	마음 심		이에 내	이를 지	써 이	한 일	꽃 화	

공	양	어	화	상		점	견	무	수
供	養	於	畫	像		漸	見	無	數
이바지할 공	기를 양	어조사 어	그림 화	형상 상		점점 점	볼 견	없을 무	셀 수

불		혹	유	인	예	배		혹	부
佛		或	有	人	禮	拜		或	復
부처 불		혹 혹	있을 유	사람 인	예도 예	절 배		혹 혹	다시 부

단	합	장		내	지	거	일	수	
但	合	掌		乃	至	擧	一	手	
다만 단	합할 합	손바닥 장		이에 내	이를 지	들 거	한 일	손 수	

이들도 전부 이미 불도를 성취한 셈이니라.
만일 어떤 사람 산란한 마음이지만 단지 한 송이 꽃이라도 가지고
부처님 탱화에 공양 올린다면 차츰 수없는 부처님들을 친견하게 되고,
어떤 사람 절하고 혹은 합장만 하며 하다못해 한 손을 들거나

혹	부	소	저	두		이	차	공	양
或	復	小	低	頭		以	此	供	養
혹 혹	다시 부	작을 소	숙일 저	머리 두		써 이	이 차	이바지할 공	기를 양

상		점	견	무	량	불		자	성
像		漸	見	無	量	佛		自	成
형상 상		점점 점	볼 견	없을 무	헤아릴 량	부처 불		스스로 자	이룰 성

무	상	도		광	도	무	수	중	
無	上	道		廣	度	無	數	衆	
없을 무	위 상	길 도		넓을 광	건널 도	없을 무	셀 수	무리 중	

입	무	여	열	반		여	신	진	화
入	無	餘	涅	槃		如	薪	盡	火
들 입	없을 무	남을 여	개흙 열	쟁반 반		같을 여	섶나무 신	다할 진	불 화

멸		약	인	산	란	심		입	어
滅		若	人	散	亂	心		入	於
멸할 멸		만약 약	사람 인	흩을 산	어지러울 란	마음 심		들 입	어조사 어

혹은 머리를 약간 숙이기만 하여 그렇게 해서라도 불상에 공양 올린다면,
차츰 한량없는 부처님 친견하고 위없이 높은 진리 성취하여
널리 무수한 중생들을 제도하고는 남음 없는 대승의 무여열반에 들리니
나무가 다하면 불도 자연 꺼지는 것과 같으리라. 만일 누군가 산란한 마음이지만

탑	묘	중		일	칭	나	무	불	
塔	廟	中		一	稱	南	無	佛	
탑 탑	사당 묘	가운데 중		한 일	일컬을 칭	남녘 남(나)	없을 무	부처 불	

개	이	성	불	도		어	제	과	거
皆	已	成	佛	道		於	諸	過	去
다 개	이미 이	이룰 성	부처 불	길 도		어조사 어	모든 제	지날 과	갈 거

불		재	세	혹	멸	후		약	유
佛		在	世	或	滅	後		若	有
부처 불		있을 재	세상 세	혹 혹	멸할 멸	뒤 후		만약 약	있을 유

문	시	법		개	이	성	불	도	
聞	是	法		皆	已	成	佛	道	
들을 문	이 시	법 법		다 개	이미 이	이룰 성	부처 불	길 도	

미	래	제	세	존		기	수	무	유
未	來	諸	世	尊		其	數	無	有
아닐 미	올 래	모든 제	세상 세	높을 존		그 기	셀 수	없을 무	있을 유

부처님 탑묘에 들어가 한 번이라도 '나무불' 하고 부른다면
전부 이미 불도를 성취한 셈이 되며, 모든 과거 부처님들께서 세상에 계실 때나
열반하신 뒤에라도 이 법문 들은 사람들은 전부 이미 불도를 성취한 것과 매한가지고,
미래의 모든 세존님 그 수효 한량없으시나

량		시	제	여	래	등		역	방
量		是	諸	如	來	等		亦	方
헤아릴 량		이 시	모든 제	같을 여	올 래	무리 등		또 역	처방 방

편	설	법		일	체	제	여	래	
便	說	法		一	切	諸	如	來	
편할 편	말씀 설	법 법		한 일	모두 체	모든 제	같을 여	올 래	

이	무	량	방	편		도	탈	제	중
以	無	量	方	便		度	脫	諸	衆
써 이	없을 무	헤아릴 량	처방 방	편할 편		건널 도	벗을 탈	모든 제	무리 중

생		입	불	무	루	지		약	유
生		入	佛	無	漏	智		若	有
날 생		들 입	부처 불	없을 무	샐 루	슬기 지		만약 약	있을 유

문	법	자		무	일	불	성	불	
聞	法	者		無	一	不	成	佛	
들을 문	법 법	놈 자		없을 무	한 일	아닐 불	이룰 성	부처 불	

그 모든 여래께서도 또한 방편으로 법을 설하시리니,
일체 여래께서는 한량없는 방편으로 모든 중생들을 제도하여
부처님의 무루지에 들게 하므로
법문 듣는 자는 성불 못할 사람 아무도 없느니라.

제	불	본	서	원		아	소	행	불
諸	佛	本	誓	願		我	所	行	佛
모든 제	부처 불	근본 본	맹세할 서	원할 원		나 아	바 소	행할 행	부처 불

도		보	욕	령	중	생		역	동
道		普	欲	令	衆	生		亦	同
길 도		널리 보	하고자할 욕	하여금 령	무리 중	날 생		또 역	한가지 동

득	차	도		미	래	세	제	불	
得	此	道		未	來	世	諸	佛	
얻을 득	이 차	길 도		아닐 미	올 래	세상 세	모든 제	부처 불	

수	설	백	천	억		무	수	제	법
雖	說	百	千	億		無	數	諸	法
비록 수	말씀 설	일백 백	일천 천	억 억		없을 무	셀 수	모든 제	법 법

문		기	실	위	일	승		제	불
門		其	實	爲	一	乘		諸	佛
문 문		그 기	진실 실	위할 위	한 일	탈 승		모든 제	부처 불

모든 부처님들의 근본 서원은 친히 수행하신 불도를
널리 중생들로 하여금 닦게 하여 이 도를 똑같이 얻게 하려는 것이니,
미래세의 모든 부처님들 비록 백천억 가지의 무수한 법문을 설하시더라도
그 속내용은 일불승을 위한 것이니라.

양	족	존		지	법	상	무	성	
兩	足	尊		知	法	常	無	性	
두양	족할족	높을존		알지	법법	항상상	없을무	성품성	

불	종	종	연	기		시	고	설	일
佛	種	從	緣	起		是	故	說	一
부처불	종자종	좇을종	인연연	일어날기		이시	연고고	말씀설	한일

승		시	법	주	법	위		세	간
乘		是	法	住	法	位		世	間
탈승		이시	법법	머물주	법법	자리위		세상세	사이간

상	상	주		어	도	량	지	이	
相	常	住		於	道	場	知	已	
모양상	항상상	머물주		어조사어	길도	마당장(량)	알지	이미이	

도	사	방	편	설		천	인	소	공
導	師	方	便	說		天	人	所	供
이끌도	스승사	처방방	편할편	말씀설		하늘천	사람인	바소	이바지할공

모든 부처님 양족존께서 법에는 항상 일정한 성품이 없음을 아시지만
부처님 종자도 인연 따라 나오므로 그래서 일승법을 설하시느니라.
이 일승법은 법의 자리에 머무르나 세간의 온갖 변화 모양 속에 상주하나니
도량에서 이미 일승의 도리를 알았으나 도사는 방편으로 삼승을 설하시느니라.

양		현	재	시	방	불		기	수
養		現	在	十	方	佛		其	數
기를 양		지금 현	있을 재	열 십(시)	방위 방	부처 불		그 기	셀 수

여	항	사		출	현	어	세	간	
如	恒	沙		出	現	於	世	間	
같을 여	항상 항	모래 사		날 출	나타날 현	어조사 어	세상 세	사이 간	

안	은	중	생	고		역	설	여	시
安	隱	衆	生	故		亦	說	如	是
편안할 안	편안할 은	무리 중	날 생	연고 고		또 역	말씀 설	같을 여	이 시

법		지	제	일	적	멸		이	방
法		知	第	一	寂	滅		以	方
법 법		알 지	차례 제	한 일	고요할 적	멸할 멸		써 이	처방 방

편	력	고		수	시	종	종	도	
便	力	故		雖	示	種	種	道	
편할 편	힘 력	연고 고		비록 수	보일 시	종류 종	종류 종	길 도	

하늘천신과 사람들의 공양 받으시는 현재 시방세계의 부처님들
항하 모래알처럼 무수히 세상에 출현하시어 중생들을 안락하게 하고자
또한 방편으로 이렇게 법을 설하시나니, 제일 적멸한 이치를 아시건만
방편의 힘을 쓰기 때문에 비록 여러 가지 도법을 보여주시긴 해도

기	실	위	불	승		지	중	생	제
其	實	爲	佛	乘		知	衆	生	諸
그 기	진실 실	위할 위	부처 불	탈 승		알 지	무리 중	날 생	모든 제

행		심	심	지	소	념		과	거
行		深	心	之	所	念		過	去
행할 행		깊을 심	마음 심	어조사 지	바 소	생각할 념		지날 과	갈 거

소	습	업		욕	성	정	진	력	
所	習	業		欲	性	精	進	力	
바 소	익힐 습	업 업		욕심 욕	성품 성	정미할 정	나아갈 진	힘 력	

급	제	근	이	둔		이	종	종	인
及	諸	根	利	鈍		以	種	種	因
및 급	모든 제	뿌리 근	날카로울 이	무딜 둔		써 이	종류 종	종류 종	인할 인

연		비	유	역	언	사		수	응
緣		譬	喩	亦	言	辭		隨	應
인연 연		비유할 비	비유할 유	또 역	말씀 언	말 사		따를 수	응할 응

그 속내용은 일불승을 위한 것이니라. 중생들의 모든 행위와 마음속 깊이 생각하는 것과 과거에 익힌 업과 욕망과 성질과 정진력에 대해, 그리고 모든 근기의 영리함과 둔함을 아시고 여러 가지 인연과 비유와 갖가지 말로써

방	편	설		금	아	역	여	시	
方	便	說		今	我	亦	如	是	
처방 방	편할 편	말씀 설		이제 금	나 아	또 역	같을 여	이 시	

안	은	중	생	고		이	종	종	법
安	隱	衆	生	故		以	種	種	法
편안할 안	편안할 은	무리 중	날 생	연고 고		써 이	종류 종	종류 종	법 법

문		선	시	어	불	도		아	이
門		宣	示	於	佛	道		我	以
문 문		베풀 선	보일 시	어조사 어	부처 불	길 도		나 아	써 이

지	혜	력		지	중	생	성	욕	
智	慧	力		知	衆	生	性	欲	
슬기 지	지혜 혜	힘 력		알 지	무리 중	날 생	성품 성	욕심 욕	

방	편	설	제	법		개	령	득	환
方	便	說	諸	法		皆	令	得	歡
처방 방	편할 편	말씀 설	모든 제	법 법		다 개	하여금 령	얻을 득	기쁠 환

근기에 맞게 방편으로 설하시거늘, 지금 나도 그와 같이
중생들을 안락하게 하고자 여러 가지 법문으로써 불도를 펴 보이건대,
내가 지혜의 힘으로써 중생들의 성질과 욕망을 알고
방편으로 여러 가지 법을 설하여 모든 중생들로 하여금 기쁘게 하노라.

희		사	리	불	당	지		아	이
喜		舍	利	弗	當	知		我	以
기쁠 희		집 사	이로울 리	아닐 불	마땅히 당	알 지		나 아	써 이

불	안	관		견	육	도	중	생	
佛	眼	觀		見	六	道	衆	生	
부처 불	눈 안	볼 관		볼 견	여섯 육	길 도	무리 중	날 생	

빈	궁	무	복	혜		입	생	사	험
貧	窮	無	福	慧		入	生	死	險
가난할 빈	궁할 궁	없을 무	복 복	지혜 혜		들 입	날 생	죽을 사	험할 험

도		상	속	고	부	단		심	착
道		相	續	苦	不	斷		深	著
길 도		서로 상	이을 속	괴로울 고	아닐 부	끊을 단		깊을 심	잡을 착

어	오	욕		여	모	우	애	미	
於	五	欲		如	犛	牛	愛	尾	
어조사 어	다섯 오	욕심 욕		같을 여	검정소 모	소 우	사랑 애	꼬리 미	

사리불은 마땅히 알라 내가 불안으로써 관찰해보니
육도 중생들이 빈궁하고 복과 지혜가 없어서,
생사윤회의 험난한 길에 빠져 끝없는 괴로움 그칠 새가 없는데도
오욕락에 깊이 빠져 집착하니 마치 검정 물소가 제 꼬리를 아끼듯 하도다.

이	탐	애	자	폐		맹	명	무	소
以	貪	愛	自	蔽		盲	瞑	無	所
써 이	탐할 탐	사랑 애	스스로 자	덮을 폐		눈멀 맹	눈어둘 명	없을 무	바 소

견		불	구	대	세	불		급	여
見		不	求	大	勢	佛		及	與
볼 견		아닐 불	구할 구	큰 대	기세 세	부처 불		및 급	더불어 여

단	고	법		심	입	제	사	견	
斷	苦	法		深	入	諸	邪	見	
끊을 단	괴로울 고	법 법		깊을 심	들 입	모든 제	간사할 사	볼 견	

이	고	욕	사	고		위	시	중	생
以	苦	欲	捨	苦		爲	是	衆	生
써 이	괴로울 고	하고자할 욕	버릴 사	괴로울 고		위할 위	이 시	무리 중	날 생

고		이	기	대	비	심		아	시
故		而	起	大	悲	心		我	始
연고 고		말 이을 이	일어날 기	큰 대	슬플 비	마음 심		나 아	처음 시

탐욕과 애욕으로써 스스로 불성을 가려서 눈멀고 캄캄해 아무것도 보이지 않건만
큰 세력의 부처님 되는 길이나 고통 없애는 법조차 구하지 아니한 채,
여러 못된 사견에 빠져 고통으로써 고통을 버리고자 하매
이러한 중생들을 위하여 대비심을 일으키고는,

좌	도	량		관	수	역	경	행	
坐	道	場		觀	樹	亦	經	行	
앉을 좌	길 도	마당 장(량)		볼 관	나무 수	또 역	지날 경	갈 행	

어	삼	칠	일	중		사	유	여	시
於	三	七	日	中		思	惟	如	是
어조사 어	석 삼	일곱 칠	날 일	가운데 중		생각할 사	생각할 유	같을 여	이 시

사		아	소	득	지	혜		미	묘
事		我	所	得	智	慧		微	妙
일 사		나 아	바 소	얻을 득	슬기 지	지혜 혜		작을 미	묘할 묘

최	제	일		중	생	제	근	둔	
最	第	一		衆	生	諸	根	鈍	
가장 최	차례 제	한 일		무리 중	날 생	모든 제	뿌리 근	무딜 둔	

착	락	치	소	맹		여	사	지	등
著	樂	癡	所	盲		如	斯	之	等
잡을 착	즐길 락	어리석을 치	바 소	눈멀 맹		같을 여	이 사	어조사 지	무리 등

처음 도량에 앉아 보리수 아래서 관하고 거닐며 삼칠일 동안에
이와 같은 일을 생각하되, '내가 얻은 지혜는 미묘하기 으뜸인데
중생들의 모든 근기 우둔할 뿐더러 쾌락에만 집착하여
어리석고 어두우니 이와 같은 무리들을

류		운	하	이	가	도		이	시
類		云	何	而	可	度		爾	時
무리 류		이를 운	어찌 하	말이을 이	가히 가	건널 도		그 이	때 시

제	범	왕		급	제	천	제	석	
諸	梵	王		及	諸	天	帝	釋	
모든 제	하늘 범	임금 왕		및 급	모든 제	하늘 천	임금 제	풀 석	

호	세	사	천	왕		급	대	자	재
護	世	四	天	王		及	大	自	在
보호할 호	세상 세	넉 사	하늘 천	임금 왕		및 급	큰 대	스스로 자	있을 재

천		병	여	제	천	중		권	속
天		幷	餘	諸	天	衆		眷	屬
하늘 천		아우를 병	남을 여	모든 제	하늘 천	무리 중		돌아볼 권	무리 속

백	천	만		공	경	합	장	례	
百	千	萬		恭	敬	合	掌	禮	
일백 백	일천 천	일만 만		공손할 공	공경할 경	합할 합	손바닥 장	예도 례	

어떻게 제도해야만 하나?'
그때에 여러 범천왕들과 하늘의 제석천왕,
세상을 수호하는 사천왕 그리고 대자재천왕과
나머지 하늘 대중들의 백천만 권속들이 공손히 합장하고 예배하며

청	아	전	법	륜		아	즉	자	사
請	我	轉	法	輪		我	即	自	思
청할 청	나 아	구를 전	법 법	바퀴 륜		나 아	곧 즉	스스로 자	생각할 사

유		약	단	찬	불	승		중	생
惟		若	但	讚	佛	乘		衆	生
생각할 유		만약 약	다만 단	칭찬할 찬	부처 불	탈 승		무리 중	날 생

몰	재	고		불	능	신	시	법	
沒	在	苦		不	能	信	是	法	
빠질 몰	있을 재	괴로울 고		아닐 불	능할 능	믿을 신	이 시	법 법	

파	법	불	신	고		추	어	삼	악
破	法	不	信	故		墜	於	三	惡
깨뜨릴 파	법 법	아닐 불	믿을 신	연고 고		떨어질 추	어조사 어	석 삼	악할 악

도		아	녕	불	설	법		질	입
道		我	寧	不	說	法		疾	入
길 도		나 아	차라리 녕	아닐 불	말씀 설	법 법		빠를 질	들 입

나에게 법륜 굴리기를 청하였도다. 내가 곧 스스로 생각하기를,
'만약 일불승만 찬탄한다면 중생들이 고통에 빠져 있어서
능히 이 일승법을 믿지 못하리라. 그러면 법을 무시하고 믿지 않아서
결국엔 삼악도에 떨어지리니 내 차라리 설법하지 말고

어	열	반		심	념	과	거	불	
於	涅	槃		尋	念	過	去	佛	
어조사 어	개흙 열	쟁반 반		곧 심	생각할 념	지날 과	갈 거	부처 불	

소	행	방	편	력		아	금	소	득
所	行	方	便	力		我	今	所	得
바 소	행할 행	처방 방	편할 편	힘 력		나 아	이제 금	바 소	얻을 득

도		역	응	설	삼	승		작	시
道		亦	應	說	三	乘		作	是
길 도		또 역	응당히 응	말씀 설	석 삼	탈 승		지을 작	이 시

사	유	시		시	방	불	개	현	
思	惟	時		十	方	佛	皆	現	
생각할 사	생각할 유	때 시		열 십(시)	방위 방	부처 불	다 개	나타날 현	

범	음	위	유	아		선	재	석	가
梵	音	慰	喩	我		善	哉	釋	迦
깨끗할 범	소리 음	위로할 위	깨우칠 유	나 아		착할 선	어조사 재	풀 석	막을 가

빨리 열반에나 들어야겠다.' 그러다가 문득 과거 부처님들께서 방편력 쓰셨던 것을
기억하고는, '나도 지금 증득한 진리를 응당 삼승으로 설하리라.'
이렇게 생각하고 있을 때 시방세계 부처님들 모두 나타나시어
범음으로 나를 위로하시되, '거룩하시도다, 석가모니 부처님이시여!

문		제	일	지	도	사		득	시
文		第	一	之	導	師		得	是
글월 문		차례 제	한 일	어조사 지	이끌 도	스승 사		얻을 득	이 시

무	상	법		수	제	일	체	불	
無	上	法		隨	諸	一	切	佛	
없을 무	위 상	법 법		따를 수	모든 제	한 일	모두 체	부처 불	

이	용	방	편	력		아	등	역	개
而	用	方	便	力		我	等	亦	皆
말이을 이	쓸 용	처방 방	편할 편	힘 력		나 아	무리 등	또 역	다 개

득		최	묘	제	일	법		위	제
得		最	妙	第	一	法		爲	諸
얻을 득		가장 최	묘할 묘	차례 제	한 일	법 법		위할 위	모든 제

중	생	류		분	별	설	삼	승	
衆	生	類		分	別	說	三	乘	
무리 중	날 생	무리 류		나눌 분	나눌 별	말씀 설	석 삼	탈 승	

제일 으뜸이신 삼계의 도사께서 이 위없이 높은 법 얻으셨건만,
일체 모든 부처님들 하신 대로 방편력을 쓰려고 하시도다.
우리도 가장 미묘한 제일 높은 법 얻었지만
모든 중생들을 위하여 일승을 삼승으로 분별해서 가르치도다.

소	지	락	소	법		부	자	신	작
少	智	樂	小	法		不	自	信	作
적을 소	슬기 지	즐길 락	작을 소	법 법		아닐 부	스스로 자	믿을 신	지을 작

불		시	고	이	방	편		분	별
佛		是	故	以	方	便		分	別
부처 불		이 시	연고 고	써 이	처방 방	편할 편		나눌 분	나눌 별

설	제	과		수	부	설	삼	승	
說	諸	果		雖	復	說	三	乘	
말씀 설	모든 제	실과 과		비록 수	다시 부	말씀 설	석 삼	탈 승	

단	위	교	보	살		사	리	불	당
但	爲	教	菩	薩		舍	利	弗	當
다만 단	위할 위	가르칠 교	보리 보	보살 살		집 사	이로울 리	아닐 불	마땅히 당

지		아	문	성	사	자		심	정
知		我	聞	聖	師	子		深	淨
알 지		나 아	들을 문	성인 성	스승 사	아들 자		깊을 심	깨끗할 정

지혜 모자란 이는 작은 법 좋아하여 스스로 성불할 것을 믿지 못하니,
따라서 방편으로 여러 과위 분별하여 말하며 다시 삼승을 설하긴 했으나
오직 보살을 가르치기 위해 설한 것이로다.'
사리불은 마땅히 알라 나는 거룩하신 부처님들의 깊고 맑으며

미	묘	음		희	칭	나	무	불	
微	妙	音		喜	稱	南	無	佛	
작을 미	묘할 묘	소리 음		기쁠 희	일컬을 칭	남녘 남(나)	없을 무	부처 불	

부	작	여	시	념		아	출	탁	악
復	作	如	是	念		我	出	濁	惡
다시 부	지을 작	같을 여	이 시	생각 념		나 아	날 출	흐릴 탁	악할 악

세		여	제	불	소	설		아	역
世		如	諸	佛	所	說		我	亦
세상 세		같을 여	모든 제	부처 불	바 소	말씀 설		나 아	또 역

수	순	행		사	유	시	사	이	
隨	順	行		思	惟	是	事	已	
따를 수	순할 순	행할 행		생각할 사	생각할 유	이 시	일 사	마칠 이	

즉	취	바	라	나		제	법	적	멸
卽	趣	波	羅	奈		諸	法	寂	滅
곧 즉	향할 취	물결 파(바)	새그물 라	어찌 나		모든 제	법 법	고요할 적	멸할 멸

미묘한 음성을 듣자 기뻐 외치기를, '오, 거룩하신 모든 부처님들이시여!'
그리고 다시 생각하기를, '내가 혼탁하고 악한 세상에 나왔으니
모든 부처님 말씀처럼 나도 또한 그에 수순하여 교화하리라.'
이렇게 생각하고 곧 바라나시로 가서 모든 법의 적멸한 모양을

상		불	가	이	언	선		이	방
相		不	可	以	言	宣		以	方
모양 상		아닐 불	가히 가	써 이	말씀 언	베풀 선		써 이	처방 방

편	력	고		위	오	비	구	설	
便	力	故		爲	五	比	丘	說	
편할 편	힘 력	연고 고		위할 위	다섯 오	견줄 비	언덕 구	말씀 설	

시	명	전	법	륜		변	유	열	반
是	名	轉	法	輪		便	有	涅	槃
이 시	이름 명	구를 전	법 법	바퀴 륜		문득 변	있을 유	개흙 열	쟁반 반

음		급	이	아	라	한		법	승
音		及	以	阿	羅	漢		法	僧
소리 음		및 급	써 이	언덕 아	새그물 라	한수 한		법 법	중 승

차	별	명		종	구	원	겁	래	
差	別	名		從	久	遠	劫	來	
어긋날 차	나눌 별	이름 명		좇을 종	오랠 구	멀 원	겁 겁	올 래	

말로써 표현할 수 없으니 방편력을 써서
다섯 비구를 위해 설하였도다. 이것을 '전법륜'이라 부르며
이때 처음으로 '열반'이라는 말과 '아라한' 곧 '법보'와 '승보' 등의
차별된 이름이 있게 되었도다. 머나먼 옛 겁으로부터

찬	시	열	반	법		생	사	고	영
讚	示	涅	槃	法		生	死	苦	永
칭찬할 찬	보일 시	개흙 열	쟁반 반	법 법		날 생	죽을 사	괴로울 고	길 영

진		아	상	여	시	설		사	리
盡		我	常	如	是	說		舍	利
다할 진		나 아	항상 상	같을 여	이 시	말씀 설		집 사	이로울 리

불	당	지		아	견	불	자	등	
弗	當	知		我	見	佛	子	等	
아닐 불	마땅히 당	알 지		나 아	볼 견	부처 불	아들 자	무리 등	

지	구	불	도	자		무	량	천	만
志	求	佛	道	者		無	量	千	萬
뜻 지	구할 구	부처 불	길 도	놈 자		없을 무	헤아릴 량	일천 천	일만 만

억		함	이	공	경	심		개	래
億		咸	以	恭	敬	心		皆	來
억 억		다 함	써 이	공손할 공	공경할 경	마음 심		다 개	올 래

열반법을 찬탄하여 보이며 '생사의 괴로움 영원히 다한다'고
나는 항상 이와 같이 설하였도다. 사리불은 마땅히 알라
내가 불자들을 보니 마음에 불도를 구하는 이
헤아릴 수 없는 천만억, 모두 공경하는 마음으로써

지	불	소		증	종	제	불	문	
至	佛	所		曾	從	諸	佛	聞	
이를지	부처불	곳소		일찍증	좇을종	모든제	부처불	들을문	

방	편	소	설	법		아	즉	작	시
方	便	所	說	法		我	卽	作	是
처방방	편할편	바소	말씀설	법법		나아	곧즉	지을작	이시

념		여	래	소	이	출		위	설
念		如	來	所	以	出		爲	說
생각념		같을여	올래	바소	써이	날출		위할위	말씀설

불	혜	고		금	정	시	기	시	
佛	慧	故		今	正	是	其	時	
부처불	지혜혜	연고고		이제금	바를정	이시	그기	때시	

사	리	불	당	지		둔	근	소	지
舍	利	弗	當	知		鈍	根	小	智
집사	이로울리	아닐불	마땅히당	알지		무딜둔	뿌리근	작을소	슬기지

전부 다 부처님 처소에 와서 일찍이 모든 부처님들로부터 방편으로 설한 법을
들었도다. 그리하여 내가 곧 생각하되, '여래가 세상에 출현한 까닭은
부처님의 지혜를 설하기 위해서이니 이제 바로 그때가 되었도다.'
사리불은 마땅히 알라 우둔한 근기와 지혜 모자란 사람

인		착	상	교	만	자		불	능
人		著	相	憍	慢	者		不	能
사람 인		잡을 착	모양 상	교만할 교	거만할 만	놈 자		아닐 불	능할 능

신	시	법		금	아	희	무	외	
信	是	法		今	我	喜	無	畏	
믿을 신	이 시	법 법		이제 금	나 아	기쁠 희	없을 무	두려워할 외	

어	제	보	살	중		정	직	사	방
於	諸	菩	薩	中		正	直	捨	方
어조사 어	모든 제	보리 보	보살 살	가운데 중		바를 정	곧을 직	버릴 사	처방 방

편		단	설	무	상	도		보	살
便		但	說	無	上	道		菩	薩
편할 편		다만 단	말씀 설	없을 무	위 상	길 도		보리 보	보살 살

문	시	법		의	망	개	이	제	
聞	是	法		疑	網	皆	已	除	
들을 문	이 시	법 법		의심할 의	그물 망	다 개	이미 이	제할 제	

그리고 상에 집착하여 교만한 자는 능히 이 일승법을 믿지 못하리라.
이제 나는 두려움 없이 기쁘게 모든 보살들 가운데에서
정직하게 방편을 버리고 다만 위없이 높은 진리를 바로 설하리니,
보살이 이 법을 듣게 되면 의심의 그물이 다 없어지며

천	이	백	나	한		실	역	당	작
千	二	百	羅	漢		悉	亦	當	作
일천 천	두 이	일백 백	새그물 나	한수 한		다 실	또 역	마땅히 당	지을 작

불		여	삼	세	제	불		설	법
佛		如	三	世	諸	佛		說	法
부처 불		같을 여	석 삼	세상 세	모든 제	부처 불		말씀 설	법 법

지	의	식		아	금	역	여	시	
之	儀	式		我	今	亦	如	是	
어조사 지	거동 의	법 식		나 아	이제 금	또 역	같을 여	이 시	

설	무	분	별	법		제	불	흥	출
說	無	分	別	法		諸	佛	興	出
말씀 설	없을 무	나눌 분	나눌 별	법 법		모든 제	부처 불	일어날 흥	날 출

세		현	원	치	우	난		정	사
世		懸	遠	值	遇	難		正	使
세상 세		멀 현	멀 원	만날 치	만날 우	어려울 난		가령 정	가령 사

천이백 명의 아라한들도 모두 또한 마땅히 성불하리라.
삼세의 모든 부처님 설법하시는 의식대로
나도 이제 그와 같이 차별없는 일승법을 설하리라.
모든 부처님께서 세상에 출현하심은 매우 드물어 만나기 어렵고

출	우	세		설	시	법	부	난	
出	于	世		說	是	法	復	難	
날출	어조사 우	세상 세		말씀 설	이 시	법 법	다시 부	어려울 난	

무	량	무	수	겁		문	시	법	역
無	量	無	數	劫		聞	是	法	亦
없을 무	헤아릴 량	없을 무	셀 수	겁 겁		들을 문	이 시	법 법	또 역

난		능	청	시	법	자		사	인
難		能	聽	是	法	者		斯	人
어려울 난		능할 능	들을 청	이 시	법 법	놈 자		이 사	사람 인

역	부	난		비	여	우	담	화	
亦	復	難		譬	如	優	曇	華	
또 역	다시 부	어려울 난		비유할 비	같을 여	넉넉할 우	흐릴 담	꽃 화	

일	체	개	애	락		천	인	소	희
一	切	皆	愛	樂		天	人	所	希
한 일	모두 체	다 개	사랑 애	즐길 락		하늘 천	사람 인	바 소	드물 희

설사 세상에 출현하셨더라도 이 법을 말씀하시기가 더 어려우며,
한량없이 무수한 겁 동안에 이 법을 듣는 것 역시 어려워
능히 이 법을 들을 수 있는 자 더욱 찾기 어렵도다. 비유컨대 우담발화 꽃을
모든 이가 사랑하고 좋아하지만 천상계와 인간계에 매우 희유하여

유		시	시	내	일	출		문	법
有		時	時	乃	一	出		聞	法
있을 유		때 시	때 시	이에 내	한 일	날 출		들을 문	법 법

환	희	찬		내	지	발	일	언	
歡	喜	讚		乃	至	發	一	言	
기쁠 환	기쁠 희	칭찬할 찬		이에 내	이를 지	필 발	한 일	말씀 언	

즉	위	이	공	양		일	체	삼	세
則	爲	已	供	養		一	切	三	世
곧 즉	할 위	이미 이	이바지할 공	기를 양		한 일	모두 체	석 삼	세상 세

불		시	인	심	희	유		과	어
佛		是	人	甚	希	有		過	於
부처 불		이 시	사람 인	심할 심	드물 희	있을 유		지날 과	어조사 어

우	담	화		여	등	물	유	의	
優	曇	華		汝	等	勿	有	疑	
넉넉할 우	흐릴 담	꽃 화		너 여	무리 등	말 물	있을 유	의심할 의	

때가 되어야만 한 번 피는 것과 같나니, 법을 듣고 환희하여 찬탄하기를
하다못해 한 마디만 할지라도 곧 일체 삼세 부처님들께
이미 공양한 것이나 다름없도다. 그 사람이야말로 매우 희유하여
우담발화 꽃보다도 더욱 귀하거늘, 너희들은 의심하지 말라

아	위	제	법	왕		보	고	제	대
我	爲	諸	法	王		普	告	諸	大
나아	할위	모든제	법법	임금왕		널리보	알릴고	모든제	큰대

중		단	이	일	승	도		교	화
衆		但	以	一	乘	道		教	化
무리중		다만단	써이	한일	탈승	길도		가르칠교	화할화

제	보	살		무	성	문	제	자	
諸	菩	薩		無	聲	聞	弟	子	
모든제	보리보	보살살		없을무	소리성	들을문	아우제	아들자	

여	등	사	리	불		성	문	급	보
汝	等	舍	利	弗		聲	聞	及	菩
너여	무리등	집사	이로울리	아닐불		소리성	들을문	및급	보리보

살		당	지	시	묘	법		제	불
薩		當	知	是	妙	法		諸	佛
보살살		마땅히당	알지	이시	묘할묘	법법		모든제	부처불

나는 모든 법의 왕이니라. 널리 모든 대중들에게 이르노니
오직 일승도로써 모든 보살들을 교화함이요
애초에 성문 제자란 따로 없느니라. 너희들 사리불 같은
성문들과 보살들은 마땅히 알라, 이 훌륭한 법은

지	비	요		이	오	탁	악	세	
之	秘	要		以	五	濁	惡	世	
어조사 지	숨길 비	중요할 요		써 이	다섯 오	흐릴 탁	악할 악	세상 세	

단	락	착	제	욕		여	시	등	중
但	樂	著	諸	欲		如	是	等	衆
다만 단	즐길 락	잡을 착	모든 제	욕심 욕		같을 여	이 시	무리 등	무리 중

생		종	불	구	불	도		당	래
生		終	不	求	佛	道		當	來
날 생		마침내 종	아닐 불	구할 구	부처 불	길 도		마땅히 당	올 래

세	악	인		문	불	설	일	승	
世	惡	人		聞	佛	說	一	乘	
세상 세	악할 악	사람 인		들을 문	부처 불	말씀 설	한 일	탈 승	

미	혹	불	신	수		파	법	타	악
迷	惑	不	信	受		破	法	墮	惡
미혹할 미	미혹할 혹	아닐 불	믿을 신	받을 수		깨뜨릴 파	법 법	떨어질 타	악할 악

모든 부처님들의 중요한 비밀이니라. 오탁악세에서는
여러 욕망에만 사로잡히기에 그러한 중생들은 마침내 불도를 구하지 못하거늘,
미래 세상의 악한 사람들은 부처님께서 일승법 설하시는 것을 듣더라도
미혹하여 믿고 받아들이지 못할 뿐만 아니라 오히려 법을 깨뜨려 악도에 떨어지리니,

도		유	참	괴	청	정		지	구
道		有	慚	愧	清	淨		志	求
길 도		있을 유	부끄러울 참	부끄러워할 괴	맑을 청	깨끗할 정		뜻 지	구할 구

불	도	자		당	위	여	시	등	
佛	道	者		當	爲	如	是	等	
부처 불	길 도	놈 자		마땅히 당	위할 위	같을 여	이 시	무리 등	

광	찬	일	승	도		사	리	불	당
廣	讚	一	乘	道		舍	利	弗	當
넓을 광	칭찬할 찬	한 일	탈 승	길 도		집 사	이로울 리	아닐 불	마땅히 당

지		제	불	법	여	시		이	만
知		諸	佛	法	如	是		以	萬
알 지		모든 제	부처 불	법 법	같을 여	이 시		써 이	일만 만

억	방	편		수	의	이	설	법	
億	方	便		隨	宜	而	說	法	
억 억	처방 방	편할 편		따를 수	마땅할 의	말 이을 이	말씀 설	법 법	

그러므로 참회하며 청정한 마음으로 불도를 구하는 이가 있거든
마땅히 그와 같은 사람을 위해서 널리 일승도를 찬탄할지니라.
사리불은 마땅히 알라 모든 부처님의 법은 이와 같이
만억 가지의 무수한 방편으로써 근기에 맞게 법을 설하시거늘,

기	불	습	학	자		불	능	효	료
其	不	習	學	者		不	能	曉	了
그기	아닐불	익힐습	배울학	놈자		아닐불	능할능	깨달을효	깨달을료

차		여	등	기	이	지		제	불
此		汝	等	旣	已	知		諸	佛
이차		너여	무리등	이미기	이미이	알지		모든제	부처불

세	지	사		수	의	방	편	사	
世	之	師		隨	宜	方	便	事	
세상세	어조사지	스승사		따를수	마땅할의	처방방	편할편	일사	

무	부	제	의	혹		심	생	대	환
無	復	諸	疑	惑		心	生	大	歡
없을무	다시부	모든제	의심할의	미혹할혹		마음심	날생	큰대	기쁠환

희		자	지	당	작	불			
喜		自	知	當	作	佛			
기쁠희		스스로자	알지	마땅히당	지을작	부처불			

법을 배우고 익히지 않은 자는 이를 알아차릴 수 없겠지만
너희들은 이미 세간의 스승인 부처님께서 근기 따라 방편으로
교화하시는 일을 알았으니, 모든 의혹을 없애고 마음으로
크게 환희심을 내어 스스로 마땅히 성불할 것을 명심할지니라.

혜조惠照 스님
공주사대 독어과 졸업 후 출가.
봉녕사 강원 졸업.
동국대학교 대학원 박사과정 수료.
대한불교조계종 총무원 문화국장 역임.
저서 및 논문으로 『우리말 법화삼부경』, 『우리말 법화경 사경』(전5권), 『행복을 부르는 법화경 사경』(전7권), 『운명을 바꾸는 법화경 사경』(전7권), 『독송용 우리말 법화경』, 『너를 위해 밝혀둔 작은 램프 하나』(시집), 『엉겅퀴 붉은 향』(시집), 「연기법에 의한 공사상과 중도론 연구」(논문) 등이 있다.

행복을 부르는 법화경 사경 1

발행일 2024년 7월 15일
옮긴이 혜조 | **펴낸이** 김시열
펴낸곳 도서출판 운주사
(02832) 서울시 성북구 동소문로 67-1 성심빌딩 3층
전화 (02) 926-8361 | **팩스** (0505) 115-8361
ISBN 978-89-5746-788-6 03220 값 10,000원
http://cafe.daum.net/unjubooks (다음 카페: 도서출판 운주사)